3章 もの・操作

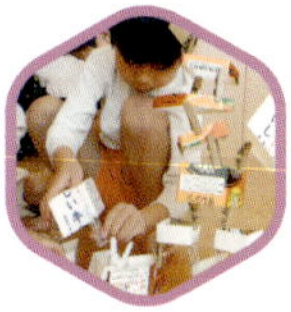

4章 場で遊ぶ

5章 イメージを広げる

6章 自然や科学と遊ぶ

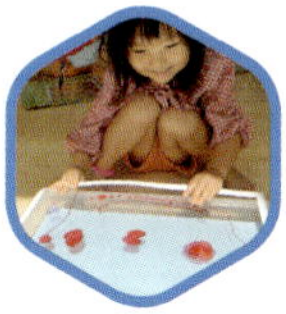

7章 プロジェクトと造形

CONTENTS 2

▶▶▶ 活動や素材から探す

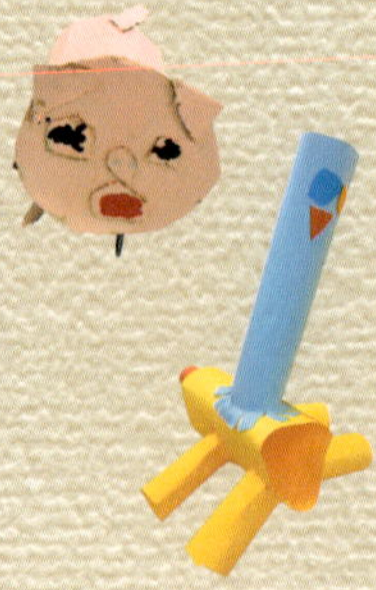

活動から探す

ダイナミックな活動

集中する活動

経験や観察から

つもりになって・思いを持って

素材や方法を試す

個から全体へ広がる活動

共同的な活動

うまくいく
1 実践がそのまま本に！

本書掲載の造形あそびは、保育現場に密着した活動だけ。実践がそのまま本になりました。
だから写真たっぷり、子どものつぶやきいっぱい、現場の雰囲気が伝わります。

うまくいく
2 保育の流れがよくわかる！

すべての造形あそびに「活動のはじまり」を掲載。なぜこの造形活動が行なわれたかがわかるようになっています。
造形活動は独立したものではなく、日々の保育とつながりがあるものです。あなたのクラスの子どもたちの興味・関心や発達などに合わせて造形活動を行なう参考にしてください。

うまくいく
3 環境構成、保育者の援助でばっちり！

「ものの配置はどうしたら?」「こんなときどんな声をかけたら?」のギモンもすぐに解決！　環境構成や保育者の援助について解説しています。また準備物や導入についても詳しく掲載。だから実践がうまくいきます。

うまくいく
4 3・4・5歳児の発達がわかる造形活動年間計画例

発達を押さえることは、造形活動をする上でも重要です。本書では、造形活動年間計画例で発達が見通せ、その発達に沿った活動が見つけられるようになっています。

うまくいく
5 造形の知識が身につくミニ講義

子どもの発達や活動のテーマなど、造形活動で大切なことが学べる「おく先生のミニ講義」コーナー付き。じっくり読んで知識を蓄えてくださいね。

CONTENTS 1 ▶▶▶ ページ順もくじ

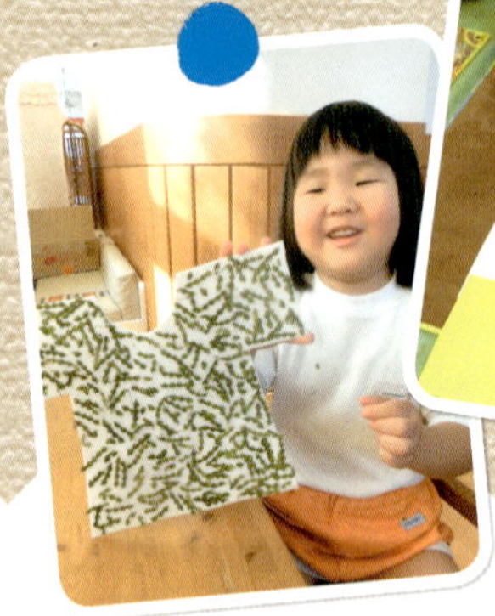

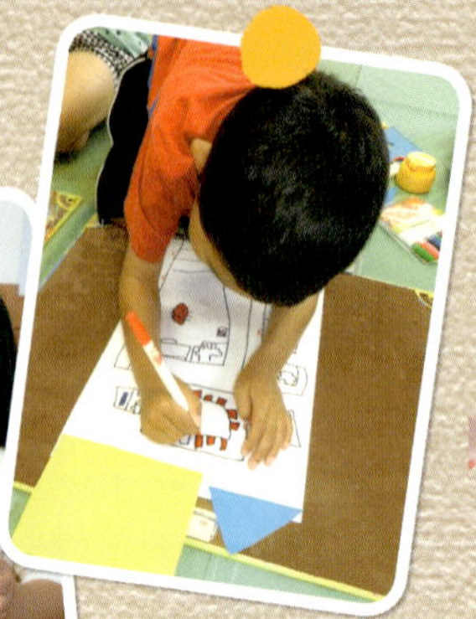

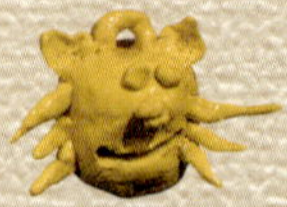

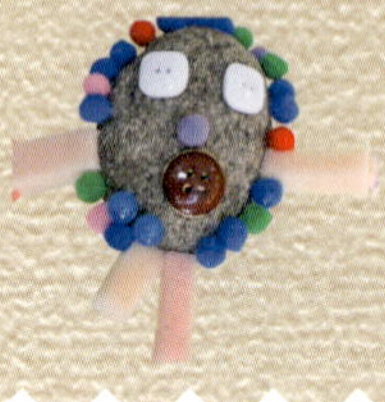

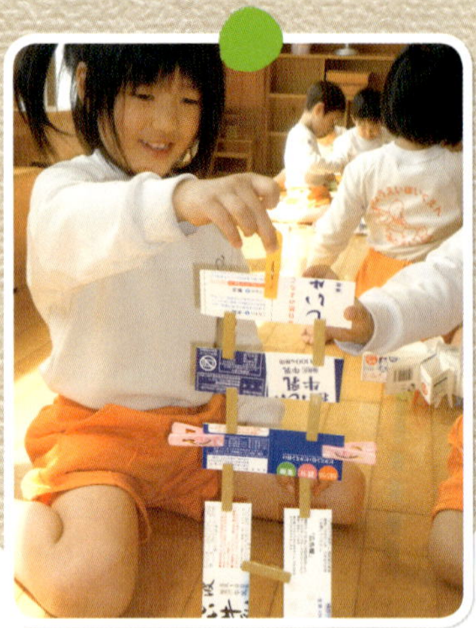

1章 かく

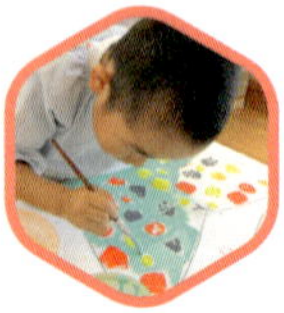

2章 つくる

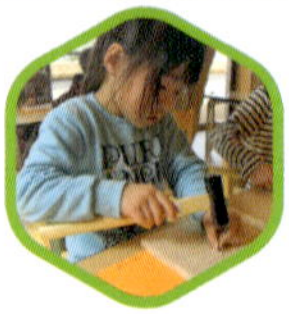

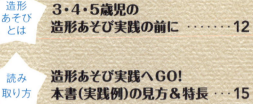

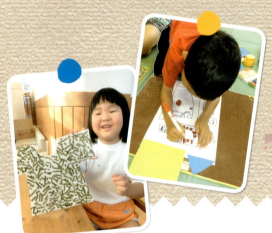

素材から探す

画用紙・紙

透明シート

段ボール

粘土

自然物

雑材

絵の具

絵の具＋パス

マーカー

3歳児

造形活動年間計画例

期	Ⅰ期	Ⅱ期
子どもの姿	●新しい生活に期待ととまどいを持ちつつも、自分から遊び始めようとする姿勢も見られる。 ●ひとり遊びからしだいに他児に関心を持ち、同じ遊びをしようとする。 ●環境にある素材や遊具に興味を持ち、かかわろうとする。 ●描画についてはなぐり描きの子どもも多い。	●好きな遊びを楽しむとともに、遊びの場が広がる。 ●自己主張が強くなり、ものの取り合いなど友達とぶつかることが多くなる。 ●多様なものや事象に興味を持ち、見たり触れたり試したりする。
期のねらい	＞園の環境にある場やものに興味を持ってかかわり、自分の遊びを見つける。 ＞自分から素材にかかわろうとし、楽しんで遊ぶ。	＞身近な素材や事象に興味を持ち、感じたり試したりする。 ＞ダイナミックにものや場とかかわる経験を通して、表現の楽しさと仲間とのふれあいを実感する。
造形活動のポイント	＞いろいろな素材に興味を持ってかかわる。 ＞用具の使用についての基本的なルールを知る。 ※新しいクラスの子どもの、表現の発達的な状況を理解することから始めましょう。	＞いろいろな素材や用具を試して特質を知る。 ＞広い場で絵の具や水、砂などでダイナミックに遊ぶ。
活動	**4月** ♣ボトルキャップで遊ぶ……P.100 ♣牛乳パックを使って……P.80 **5月** ♣なにのたまご?……P.144 ♣影を見つけた……P.160	**6月** ♠透明な素材に描いたら……P.44 ♠たけのこになったよ……P.64 ♣変形紙から広げよう……P.136 **7月** ♣お顔を描いたよ……P.40 ♠復興……P.172 ♠ぺらぺら人間……P.180 **8月** ♣お洗濯しよう……P.112 ♣木を並べる・積む・組む……P.88

活動の記号の解説	♠:3歳児単独の年齢の活動　♦:3・4歳児の異年齢での活動　♣:3・4・5歳児の異年齢での活動　☆:3歳児以外の年齢の事例ではあるが、3歳児向きにアレンジして実践するとおもしろい活動　注:異年齢の活動事例は、年齢別で活動するときに望ましい月に配置しています。

Ⅲ期

- 友達といっしょに遊ぶ楽しさがわかり、ごっこ遊びなどを楽しむ。
- 保育者の話を聞いて行動したり、仲間と行動することを楽しんでする。
- 自分のイメージをさまざまな表現方法で思い思いに表現するようになり、造形活動に楽しんで取り組む。

> 自然や気象の変化、みずからかかわる素材の変化などに気づき、友達や保育者と伝え合う。
> さまざまな素材を使って、自分のイメージを表現することを楽しむ。

> 絵の具やパス、マーカーなどさまざまな描画材を使って表現する。
> 紙や粘土、自然物や雑材などの素材で操作や構成をしたり、イメージしたものを作ったりする。

Ⅳ期

- 友達同士のつながりが深まり、遊びが持続するようになる。
- 身の回りのことや、自分でできることは自分でするようになる。
- 経験したことから思いを膨らませて遊び、さまざまな方法で表現することを楽しむ。

> 経験したことを通して見たこと、感じたことを描いたり作ったりすることを楽しむ。
> 造形活動に意欲的に取り組もうとし、個々の工夫を楽しむ。

> 簡単な目的を持って描いたり作ったりし、できたもので遊んだりする。
> 描いたものや作ったものを飾り、自分のものだけでなく友達のものにも興味を持つ。

4歳児 造形活動年間計画例

期	Ⅰ期	Ⅱ期
子どもの姿	●新しい環境での生活のしかたがわかってくる。 ●好きな遊びを見つけ、友達といっしょに遊ぶ姿が見られるが、ひとり遊びの子どもも見られる。 ●好きな絵を描いたり、粘土や積み木で自由に作ったり構成したりして遊ぶ姿が見られる。	●生活範囲が広がり、興味の幅も拡張する。 ●自己主張が強くなり、対話がうまくいかずぶつかり合いが多く発生する。 ●難しいものにも挑戦しようとする姿勢が見られる。
期のねらい	＞感性を働かせて身近な環境にあるものに触れたり感じたりすることを楽しむ。 ＞身近にあるいろいろな素材にかかわり、変化させたり描いたり作ったりして遊ぶ。	＞好きな遊び、興味を持ったことを中心に、友達や保育者とかかわりながら遊びを楽しむ。 ＞新しい素材・用具・場に積極的に挑戦し、自分の思いを表現しようとする。
造形活動のポイント	＞いろいろな描画材で色や線の遊びをする。 ＞紙や粘土、雑材など身近なもので素材体験を十分にする。 ＞新しい素材や用具の使い方を知る。 ※新しいクラスの子どもの、表現の発達的な状況を理解することから始めましょう。	＞子どもの興味から生まれたテーマなどで、広い場や小さい紙など、変化のある空間の描画活動を経験する。 ＞簡単な紙操作やしくみなどを知って活動する。 ＞夏に向かって多様な技法あそびやダイナミックな造形に取り組む。

活動

Ⅰ期

Ⅱ期

活動の記号の解説

♠:4歳児単独の年齢の活動　♦:3・4歳児の異年齢での活動　♣:3・4・5歳児の異年齢での活動　☆:4歳児以外の年齢の事例ではあるが、4歳児向きにアレンジして実践するとおもしろい活動　注:異年齢の活動事例は、年齢別で活動するときに望ましい月に配置しています。

Ⅲ期

- 友達とのかかわりが多くなり、簡単なルールのある遊びに興味を持つ。
- 身近な事象や不思議な現象、自然物や多様な素材に関心を持ち、試したり調べたりする姿が見られる。

› いろいろな素材を選んで、自分のイメージを表現しようとする。

› 経験したことの思いを共有して造形表現を楽しむ。

› 試したり、経験したりした方法を使って、描いたり作ったりする。

› 思いを共有して、個から全体へ広がる造形活動を経験する。

Ⅳ期

- 自分の考えを表したり友達の思いを受け入れたり、我慢したりできるようになる。
- 目的に向かって友達と協力して行動しようとする。
- 新しい活動に挑戦し、工夫して遊ぶようになる。

› 自分なりの目標を持って、さまざまな素材を組み合わせて表現することを楽しむ。

› 友達といっしょに試したり、工夫したりして造形活動を楽しむ。

› 経験したことやお話などから想像したことをもとに素材を組み合わせて描いたり作ったりする。

› イメージを共有して描いたり作ったりしたものを、使ったり飾ったりすることを通して、友達の表現にいっそうの興味を持つ。

5歳児 造形活動年間計画例

期	Ⅰ期	Ⅱ期
子どもの姿	● 年長になった喜びや期待を持って生活し、新しいクラスでの遊びを友達と楽しむ。 ● 身近な環境にあるもの・人・場や事象などへの気づきを友達や保育者と共有する姿が見える。	● 相手の思いや考えに気づきながらも自己主張する姿があり、意見のぶつかり合いが見られることがある。 ● 身近な動植物に興味を持ち、観察したり世話したりし、調べる、描く、作るなどの姿が見られる。
期のねらい	**身近な自然や社会の環境に触れたりかかわったりして、遊びを楽しむ。** **素材や用具の特性に興味を持って、描いたり作ったりする。**	**気づいたこと、経験したことなどを友達と思いを伝え合いながら、造形活動を楽しむ。** **珍しい素材、新しい技法やしくみを知り、自分なりの表現を広げようとする。**
造形活動のポイント	**継続的に造形活動ができる場とものの設定と、テーマや課題のある活動を組み合わせる。** **素材体験や技法あそび、造形要素を意識した遊び、広い場での活動などを十分に経験する。** **さまざまな活動を通じて用具の使い方を確認する。** ※ 新しいクラスの子どもの、表現の発達的な状況を理解することから始めましょう。	**子どもの気づきや経験からテーマをとらえて、観察したり、想像したりして表現する。** **染めやくぎ打ちなどの経験、難度の高い紙操作や動く仕組みに挑戦し、活動の幅を広げる。** **絵の具や粘土、水などでダイナミックな活動を経験する。**
活動	**4月** ♠ たんぽぽ ……… P.16 ♣ お顔を描いたよ ……… P.40 ♣ 牛乳パックを使って ……… P.80  **5月** ♠ ボトルキャップで遊ぶ ……… P.100 ♠ 個の表現から全体へ ……… P.108 ♣ 大量の緩衝材で ……… P.120 ♣ 影を見つけた ……… P.160 ♣ なにのたまご？ ……… P.144	**6月** ♠ 透明な素材に描いたら ……… P.44 ♠ きっかけから広げよう ……… P.132 ♣ 復興 ……… P.172 ♣ 変形紙から広げよう ……… P.136 **7月** ♠ 動物できた ……… P.48 ♠ くぎ打ちトントン ……… P.68 ♣ お洗濯しよう ……… P.112 **8月** ♠ 布に描く ……… P.104 ♠ 木を並べる・積む・組む ……… P.88 

活動の記号の解説	♠:5歳児単独の年齢の活動　♣:3·4·5歳児の異年齢での活動 ☆:5歳児以外の年齢の事例ではあるが、5歳児向きにアレンジして実践するとおもしろい活動 注:異年齢の活動事例は、年齢別で活動するときに望ましい月に配置しています。

Ⅲ期

- 生活経験が広がり、言葉の表現が豊かになる。
- 共通の目的を持って、友達と考えたり工夫したりする。
- 知的好奇心が高まり、何事にも積極的にかかわろうとする姿が見える。

> 経験やお話などから感じたり考えたり想像したことを、造形表現を通じて実現する楽しさを味わう。
> 必要な素材や方法を選んだり、友達と協力して活動することを楽しむ。

> Ⅰ期、Ⅱ期から継続してきた造形活動の内容を、子ども自身が生かせるような題材や環境構成を考える。
> 自分の目標を持って、複数の素材を組み合わせたり工夫したりし、描く·作る·飾るなどする。
> 自然の変化や自然物への興味を表現に生かす。

Ⅳ期

- 仲間意識が高くなり、友達といっしょに目的を持ったり、見通しを立てて活動したりする。
- 関心を持つ世界が広がり、これまで以上に疑問や質問が多くなる。

> 自分が感じたこと、イメージしたこと、伝えたいことを、素材や方法を工夫して表現することを楽しむ。
> 友達の活動や作品に関心を持ち、いいところを認め合う。

> Ⅱ期、Ⅲ期から継続的してきた造形活動の内容を、子ども自身が生かせるような題材や環境構成を考える。
> 造形活動を通して感じた美しさや発見を、日常の中でも感じられるように、言葉や環境などの領域との関連を意識して子どもに伝える。

3 4 5 歳児の造形あそび実践の前に

造形あそびを始める前に、3・4・5歳児の造形について考えてみましょう。

1 造形ってなんだろう？

砂場で一心に穴を掘り、その砂を積み上げたら大きな砂山になる。何人かの子どもたちが集まってきて、水を流し川や池ができる。遊びはしだいにダイナミックに展開します。砂や水の自然の素材、紙や絵の具・パス、空き箱やペットボトルなどの雑材など、幅広い素材に子どもたちはかかわり、造形活動を楽しみます。

造形は、「ものにかかわり、ものを変化させる」活動です

砂や水、紙や絵の具・パス、雑材など、造形に使う素材を「もの」といいます。砂場を掘って山に積み上げると砂場の表面には凹凸ができ、様相が変わります。紙を折ると紙を立てることができたり、紙を切ったりはったりすると紙の大きさが変わりますし、水をひいた紙の上では絵の具はにじんで広がります。これらは、0・1・2歳児から続く、「もの」にかかわり「もの」が変化することを探求・確認する行為です。

素材体験を通して素材＝ものの特質を確認した子どもたちは、「もの」を変化させることで素材のおもしろさや不思議さを探求したり、自分の思いやイメージを表現しようとしたりします。3・4・5歳児の造形は、「もの」の不思議を探求する活動であり、「もの」を使って伝える表現だといえるでしょう。

造形は夢を実現する力を育てます。

0・1・2歳児に遊びの土台が育ち、表現への意欲や主体性が培われた子どもたちは、新しい素材や場、難しい課題にも積極的に挑戦しようとします。紙で立体的な動物を作る過程で動物を立たせたいという自分の目標を持った子どもが、どうしたら立つかを考え、試行を繰り返します。倒れないで立つ動物が完成したとき、「こんなふうにしたい」という目標を自分の力で実現した達成感は大きく、次への意欲につながります。造形は感性・表現力・想像力・創造性にかかわる活動ですが、夢＝目標を実現する力を育てるのです。

2 造形活動の3つの鍵「もの・ひと・ば」

「もの・ひと・ば」自由遊びやコーナー遊びでも、設定保育でも、造形活動が始まるときにはこれらの3つが鍵になります。

「もの」と出会う

造形活動は「もの」がなければ始まりません。子どもの豊かな素材体験は独自の表現を導きます。保育者は材料研究を十分にして、発達や遊びの状況に合った多様な「もの」や用具と出会う機会をつくりましょう。

いろいろな種類の雑材をビニールテープでくっつけています。素材体験を楽しんでいます。

「ひと」とかかわる

「ひと」は友達であり保育者です。保育者の適切な援助や見守りは大きな「ひと」の要素ですが、3・4・5歳児では友達とのかかわりが造形活動の展開との関連が深くなります。仲間がいるから遊び始める、友達の活動に興味を持つ、友達の表現から刺激を受ける、相談したり協力したりするなど、活動を介してコミュニケーションが広がり、造形活動の展開も広がります。

お友達が絵の具の色を作っています。他児がすることに興味を持って見ることも大事な活動です。

「ば」で遊ぶ

ひとりで遊ぶ場、友達といっしょの場、グループやクラスで活動する場など、場の広さによって子どもの動きや表現の方法・質が異なります。「ば」は部屋の大きさだけでなく、紙の大きさや、表現する場が立面か平面かなどにも関連します。ねらいをしっかり見据えた「ば」の構成が造形活動の方向を示します。

広い場での活動です。水族館に見立てた青いシートの空間に思い切り描くことができました。

3 造形活動をデザインするために

3・4・5歳児の造形活動を構想するためには、年間の造形活動の流れを俯瞰《ふかん》的に理解するとともに素材や用具、造形の領域における経験しておきたい内容などを把握しておく必要があります。「かく・つくるで経験しておきたい内容」を以下に示しました。この本の事例を読み解くポイントにもなりますので、参考にしてください。

かく・つくるで経験しておきたい内容と期ごとの目標

※期に関しては、P.6～11の「造形活動年間計画例」を参照してください。

かく

かく活動　経験しておきたい内容

素材と出会い、その性質を知る	造形要素を意識して描く	イメージを引き出す	遊びや生活経験をもとに描く	場や仲間を意識して描く
●技法遊びなど	●線遊び ●点で描く ●線で描く ●面で描く ●色で遊ぶ	●きっかけ教材など	●遊びや経験・事象などから ●行事などから ●お話を作って	●広い空間・小さい空間 ●1人で・グループで・クラスで・異年齢で　など

かく活動　期ごとの活動目標

- **Ⅰ期・Ⅱ期**　多様な素材体験をする
- **Ⅲ期**　自分の思いを表現する
- **Ⅳ期**　多様な描画材を使ってイメージを展開する

つくる

つくる活動　経験しておきたい内容

素材や用具と出会い、その性質を知る	操作や行為から展開する	しくみを知って作る・使う、飾る目的を持って作る	イメージを持って作る（遊びや生活経験をもとに作る）	場や仲間を意識して作る
●紙 ●粘土 ●感触教材 ●雑材 ●自然物 ●木材	●紙の操作 ●粘土の操作 ●雑材などの操作	●しくみ ●使う・飾る	●遊びや生活経験から ●行事などから ●お話を作って	●大規模な空間で ●大きい構築物を作る ●ひとりで・グループで・クラスで・異年齢で　など

つくる活動　期ごとの活動目標

Ⅰ期・Ⅱ期	Ⅲ期	Ⅳ期
多様な素材・操作を経験する	試したり作ったりする	目的やイメージを持って作る

4 保育の流れと造形活動

造形活動は園の保育の中で決して単独で成り立っているわけではありません。子どもの興味・関心をとらえて、保育の流れの中に活動を組み込みましょう。

子どもの興味・関心をとらえましょう

子どもが今興味を持っていることや、保育の中で子どもたちが共有している遊びをとらえて造形活動の題材や内容に反映すると、日々の保育との関連を失わないで造形活動が展開します。「もの」の魅力にプラスαの力が加わり、活動が継続します。

双眼鏡でチョウチョ発見。子どもの発見が次の造形活動へつながります。

各領域の窓口から造形活動を見てみましょう

造形活動を他領域から見てみましょう。粘土の重さや紙をつないだ長さは環境の領域から、色の変化への気づきをいろいろな言葉で表す子どもたちは、造形と同時に感性を働かせた結果を言語化した言葉の領域からなどの理解ができます。かかわる保育者の読み取りが、子どもの世界を広げたり深めたりして、育ちを確かなものにするのです。

きれいな色水ですね。混ぜるとどんな色になるのでしょうか。実験しているようです。

造形あそび実践へGO！

次のページから、実践例に入ります。実践例の見方、特長をチェックしてから進んでください。

本書(実践例)の見方＆特長

4ページでひとつの実践例
実践例は4ページでひとつの活動になっています。

対象年齢
この活動ができる年齢を示しています。参考にしてください。

年齢表記
実際に活動を行なった年齢です。目安にしてください。

準備が詳細でわかりやすい
「どうやって作るの?」「活動を始めてみると足りないものが…」と困ったことはありませんか? 本書は活動に必要なものがとにかく細かく書かれています。

活動のねらい
活動のねらいを記しています。

活動のはじまり
紹介している活動に至る経緯が書かれています。日々の保育が見えるエピソードになっています。

導入もバッチリ！
子どもたちを活動へ誘う導入は大切なポイント。ていねいに解説してあります。

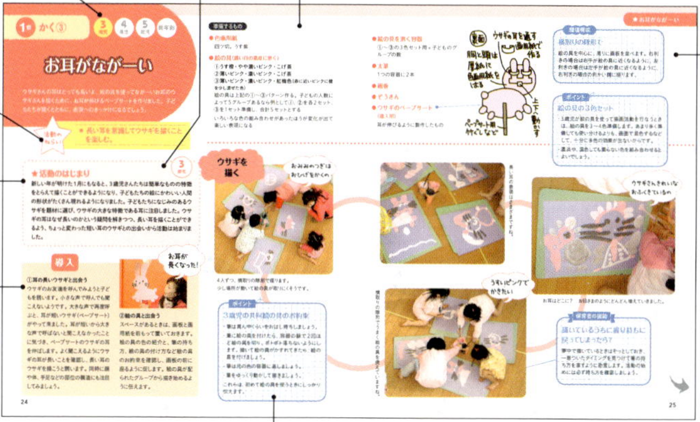

子どものつぶやき
子どもが感じていることや実際に話したことを吹き出しでまとめています。クラスの子どもたちの姿を見るヒントにしてください。

ポイント
実践するにあたって、気をつけることや押さえておくことなど、「保育」の大切なポイントをまとめてあります。

環境構成
環境構成で気をつけることや、準備物の配置などについてまとめています。

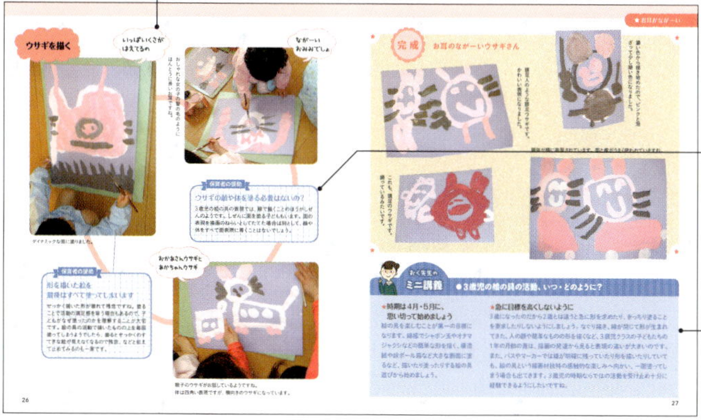

保育者の援助
子どもへのことばがけや保育者の動きなど、援助についてまとめています。

おく先生のミニ講義
子どもの発達、実践のテーマや環境構成など、保育者が知っておくべきことを、おく先生が教えてくれる造形遊びのミニ講義コーナー。しっかり読んで知識を蓄えてください。

※ほかにも、毎日の保育と造形活動の関係性などを解説した『日々の保育と造形』(P.188～)や、造形活動における2歳児から3歳児への移行、発達や用具の使い方などについて解説した『2歳児から3歳児へ』(P.194～)も熟読してください。

次のページから実践が始まります！

たんぽぽ

春の野の草花、お散歩で見つけたタンポポを描いてみましょう。野の花や草、風や雲などの自然の命や現象に興味を持ってほしい、「よく見て」描いてほしい。では、何をどのようによく見るのでしょうか。

活動のねらい

- タンポポの不思議を絵で表現することを楽しむ。

準備するもの

- **画用紙**
  四ツ切
- **パス**
  灰色
- **絵の具（薄い濃度に溶く）**
  黄色系
  …レモンイエロー、山吹色、黄土色系など３色程度
  緑系
  …黄緑、緑、深緑など３色程度
  薄い水色
- **溶き皿**

★活動のはじまり

5歳児

タンポポの不思議やおもしろさを見つける遊びの中で、子どもたちはタンポポの花びらに見えるものがひとつの花で、たくさんの花が集まっていることに興味を持ちました。数えてみると138個。それ以降タンポポの花の数をかぞえたり、綿毛ができるまで観察したり、興味が広がっていきました。

導入

導入では２つのことについて応答しましょう。

①タンポポについて

タンポポの花は小さい花がたくさん集まってひとつの花になっていること、小さい花は中心に向かって集まって、重なり合って付いていること、葉っぱの色や形、茎にどのように付いているのかなどについて話し合いましょう。

②描画材や画用紙について

画用紙は縦、横自由に使うこと、灰色のパスでタンポポを線でていねいに描くこと、いろいろな色の絵の具を後で出すことなどを伝えましょう。

線で描く（パス）

おはながくきに
こんなふうに
ついてたの

花の数にこだわりを持って描き始めます。

ポイント

大発見や細かな気づきをまず線で表現してみましょう

5歳児になると、自分が気づいた細かなことを、絵に表そうとします。今回は線描がしやすいパスを選択し、色も灰色1色です。子どもたちは描きながら観察した対象の特徴や構造を「ここはこうなっていた」「ここについていた」と確認しています。パスの色を変えたい子どもがいるかと思いますが、後で絵の具を出すことを伝えておくことで、パス1色の線描に集中できるでしょう。

- ●画板
- ●筆
  8号～12号程度
  丸筆を使用

ポイント
絵の具の準備

・絵の具は水を少し多めに入れて溶きましょう。パスの線を生かし、かつ透明感が出てきれいです。

・絵の具の色は例に挙げた色でなくても、黄色系の濃淡、緑系の濃淡を準備するとまとまりやすくなります。

・薄い水色は綿毛や雲などに使うことができます。必要に応じて後から出しましょう。実践では「綿毛の色がない」という子どもの要求で作った色です。

環境構成
描画の隊形と絵の具を出すタイミング

・4～5人ずつ横取りの隊形で画板の前に座り、四ツ切画用紙をもらった時点で縦、横を選択しました。パスで描きはじめ、線描で十分描けた子どももいるグループから絵の具を置いていきます。

・絵の具はグループごとにカップ状の溶き皿に6色準備します。筆は1つのカップに大・中または中・細筆を合計2本程度入れておきます。

ギザギザのはっぱをかいたよ

中心に集まった花と葉っぱの付き方がリアルですね。

保育者の援助
茎を複線で描いてほしい

茎を1本線で描く子どもがいます。これもしぜんな表現ですが、年長児ですので複線にするよう声をかけてみましょう。

こうえんにいっぱいはえてたよ

タンポポがどんどん増えていきます。

わたげはかぜでとんでくよ

綿毛のタンポポも描かれています。
138個付いていたお花より、綿毛に興味があったようです。

絵の具

ていねいに色が塗られています。大きいタンポポや小さいタンポポがあってかわいいですね。

わたげのいろ
かっこいいでしょ

細い茎をゆっくりと慎重に塗っていますね。綿毛の色も別に作って塗ります。

みどりのいろが
ちがうよ

ていねいに塗っています。茎と葉の色を変えています。

つぎはきみどりの
はっぱにする

葉っぱの細かい形を表現しています。

おく先生の

ミニ講義 ●何をどのように見ればいいのでしょう?

★「よく見る」ための準備をしましょう。

図鑑や資料を検索して原産国や近隣のどこで見つけられるか、タンポポに関してのお話などを保育者の引き出しに入れておきましょう。引き出しのどの情報に子どもたちは興味を持つのでしょうか。この情報が、何を見るか、どのように見るかにつながります。

★「よく見る」ための日々の活動と環境

この実践ではタンポポを見つける活動からスタートしました。日々見つけた数を報告することは、タンポポの情報共有の第一歩になります。1つのタンポポの花びらが1個の花であること、みんなで数えたら138個あったことは驚きです。また、タンポポの根の写真を掲示したり、綿毛になる過程を見る観察スペースをつくったりしています。これらの日々を通じて子どもと保育者が何をどのように見たのかが明確になり、表現へつながるでしょう。

完成　いろいろなたんぽぽ

ふんわりとやわらかい花と葉の感じがすてきです。

花も葉も茎も緑ですが、塗り分けが美しいですね。

ひとつのタンポポを詳しく見て描きました。

完成した作品も綿毛が光っています。

タンポポの花のひとつの表現がユニークです。

グレーのパスで描いた線が、緑の絵の具をはじいて効果的ですね。

3歳児 4歳児 5歳児 異年齢

うずまきへびさん

線で描く

線で描いたり、面に塗ったり、絵の具は楽しい描画材です。一見難しそうに見える渦巻きですが、右に巻いたり左に巻いたり、大胆で美しい線が描かれます。伸びやかな渦巻きは実はヘビさんだったのです。

活動のねらい

- ヘビさんのイメージを持って描くことを楽しむ。
- ゆっくりと筆を動かしていろいろな渦巻きを楽しんで描く。

★活動のはじまり

4歳児

新年度が始まって間もないころ、3歳児のときから絵の具が大好きな子どもたちに、筆でゆっくり線を描く経験をしてほしいと考えました。描くスピードが速くて線がかすれる、線を描いても最後は塗ってしまうなど、さまざまな子どもの姿が見えるこの時期に、楽しい色彩で渦巻きに巻いたヘビを線で描く活動に挑戦してみました。

導入

①ヘビさんについて話す

ヘビさんがとぐろを巻くことについて話をし、大きな渦巻きや小さな渦巻きになったヘビのようすをイメージします。渦巻きを描いたことがあるかも改めて聞いてみます。

②絵の具のルールを確認する

筆をゆっくり動かして線を描くことを伝えます。ヘビさんの目など細部が描きたいときは、絵の具と綿棒を準備していることを知らせておきます。

③場を確認する

場をみんなで見た後、行きたい場所へゆっくり行くこと、各場所に置いた絵の具を使うように伝え、活動をスタートします。

準備するもの

●模造紙

全紙大5～6枚程度。1枚3か所、横2枚つなぎ1か所（1枚は予備）

●絵の具（中濃度）

1か所に4～6色

（クリーム色・メロン色・薄紫・濃いピンク・藍色＋少量の白）

（薄紫・橙・メロン色・水色）

（薄いピンク・クリーム色・メロン色・橙・藍色＋少量の白）

（濃いピンク・橙・メロン色・青緑・山吹色＋黄土色）

黒（原液のまま）

●溶き皿

描き始める

ゆっくり、ゆっくり

慎重に渦巻きを描き始めています。

このいろもつかいたい

こちらのグループも、大きい渦巻きをゆったりした線で描いています。

- **筆**
  太筆・中筆
- **お手ふきタオル**
- **梅鉢パレット**
  色(黒)1か所に1個
- **綿棒**
- **養生テープ**
  模造紙を留める
- **シート**

環境構成

模造紙の大きさを決める

・1枚もの(3～4人)、縦2枚つなぎ・横2枚つなぎ(6～8人)など、子どもの人数に合わせて4か所ぐらい作ります。少し余裕を持って設定するといいですね。紙の上に乗って描くのを避けたいときは子どもの手が届く幅の横つなぎをおすすめします。

・模造紙の角を丸く切り落としたり、形を変えたりすると変化があって楽しい場になります。

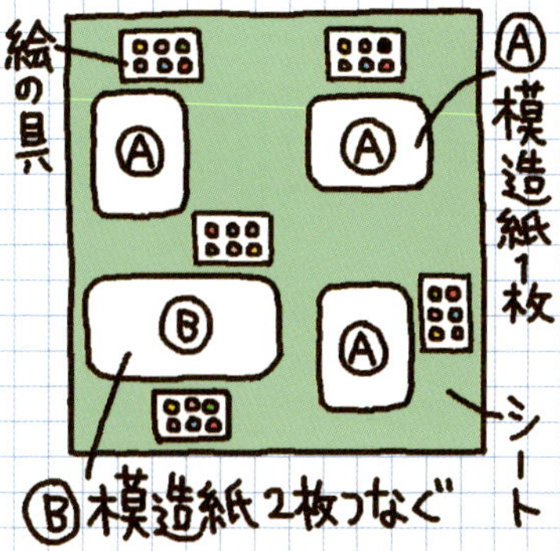
絵の具
Ⓐ模造紙1枚
Ⓐ
Ⓐ
Ⓑ
Ⓐ
シート
Ⓑ模造紙2枚つなぐ

どんどん増える

なかにも
うずまきかこう

横2枚つなぎの模造紙。黄色で描いた中に、橙の渦を描き始めました。

へビさん
いっぱいいるね

4か所に模造紙を配置しました。少し狭いようにも見えますが、いっぱい描いたという思いも大切です。

ここはちいさい
うずまき

大きい・小さい、左巻き・右巻きなど、伸びやかな線ですね。

綿棒で描く

ビューンってながい
ヘビさんもいる

線が巻いていないものや、面に塗った表現が出現しました。

めとしたを
かこう

点で飾ったり、ヘビの顔を描き込んだり。

したはくねくねく
ねってなってるよ

ヘビさんの口からながーい舌が出ています。

めんぼうでかくの
おもしろい

綿棒で細かい点や線を描いています。渦巻きの線の間を点で飾っています。

目がないヘビさんいないかな、と立ち上がって探します。

渦をはめ込みました。よく見ると5匹もヘビさんがいます。

大きいヘビさんは一気に描けなくて線をつないでいるのがわかりますね。

おく先生のミニ講義　●造形要素

「点で描く」「線で描く」「面で描く」、描画活動でよく聞く言葉です。製作のときも素材の形によって、ボタンなどの点材、ストローやモールなどの線材、紙や板などの面材、木材や石・粘土などの塊材を使います。またそれらの色・形・テクスチュア（材質感）も活動や表現に影響があるのです。描いたり作ったりするときにこれらの造形要素が言語のような役割を持ち、伝えたいことを伝達してくれるのです。造形要素という窓から造形を見てみると子どもたちの造形表現のすばらしさがさらに見えてきます。

うずまきヘビさんを改めて線と色の窓から見ると、リズミカルな線と暖かい色合いが楽しさを伝えているようです。

お耳がながーい

ウサギさんの耳はとっても長いよ。絵の具を使ってながーいお耳のウサギさんを描くために、お耳が伸びるペープサートを作りました。子どもたちが驚くとともに、表現へのきっかけになるでしょう。

活動のねらい

- 長い耳を意識してウサギを描くことを楽しむ。

★活動のはじまり

3歳児

新しい年が明けた1月にもなると、3歳児さんたちは簡単なものの特徴をとらえて描くことができるようになり、子どもたちの絵にかわいい人間の形状がたくさん現れるようになりました。子どもたちになじみのあるウサギを題材に選び、ウサギの大きな特徴である耳に注目しました。ウサギの耳はなぜ長いのかという疑問を解きつつ、長い耳を描くことができるよう、ちょっと変わった短い耳のウサギとの出会いから活動は始まりました。

導入

①耳の長いウサギと出会う

ウサギのお友達を呼んでみようと子どもを誘います。小さな声で呼んでも聞こえないようです。大きな声で再度呼ぶと、耳が短いウサギ（ペープサート）がやって来ました。耳が短いから大きな声で呼ばないと聞こえなかったことに気づき、ペープサートのウサギの耳を伸ばします。よく聞こえるようにウサギの耳が長いことを確認し、長い耳のウサギを描こうと誘います。同時に顔や体、手足などの部位の構造にも注目してみましょう。

お耳が長くなった！

②絵の具と出会う

スペースがあるときは、画板と画用紙を前もって置いておきます。絵の具の色の紹介と、筆の持ち方、絵の具の付け方など絵の具のお約束を確認し、画板の前に座るように促します。絵の具が配られたグループから描き始めるように伝えます。

準備するもの

●色画用紙

四ツ切。うす紫

●絵の具（濃い目の濃度に溶く）

①うす橙・やや濃いピンク・こげ茶
②薄いピンク・濃いピンク・こげ茶
③薄いピンク・濃いピンク・紅梅色（赤に近いピンクに橙を少し混ぜた色）

絵の具は上記の①〜③パターン作る。子どもの人数によって5グループあるなら例として①、②を各2セット、③を1セット準備し、合計5セットとする

いろいろな色の組み合わせがあったほうが変化が出て楽しい表現になる

ウサギを描く

おみみのつぎは おひげをかくの

4人ずつ、横取りの隊形で座ります。
少し場所が動いて絵の具が取りにくそうです。

ポイント

3歳児の共同絵の具のお約束

- 筆は真ん中くらいをおはし持ちしましょう。
- 筆に絵の具を付けたら、容器の縁で2回ほど絵の具を切り、ポトポト落ちないようにします。描いて絵の具がかすれてきたら、絵の具を付けましょう。
- 筆は元の色の容器に返しましょう。
- 筆をゆっくり動かして描きましょう。

これらは、初めて絵の具を使うときにしっかり伝えます。

- **絵の具を溶く容器**
  ①〜③の３色セット用×子どものグループの数
- **太筆**
  1つの容器に２本
- **画板**
- **ぞうきん**
- **ウサギのペープサート**
  （導入用）
  耳が伸びるように製作したもの

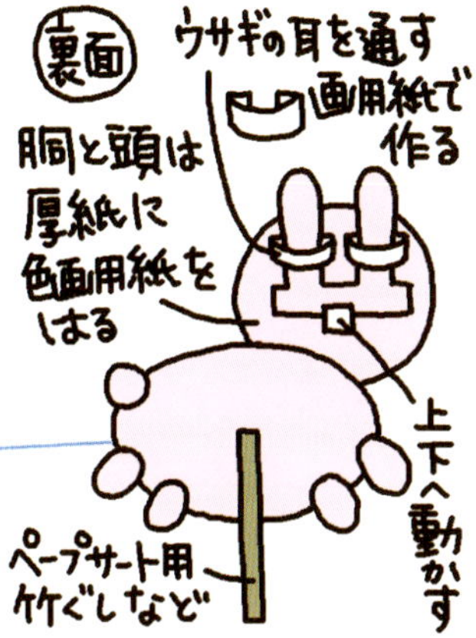
裏面
ウサギの耳を通す
画用紙で
作る
胴と頭は
厚紙に
色画用紙を
はる
上下へ動かす
ペープサート用
竹ぐしなど

環境構成

横取りの隊形で

絵の具を中心に、周りに画板を並べます。右利きの場合は右手が絵の具に近くなるように、左利きの場合は左手が絵の具に近くなるように、右利きの場合の向かい側に座ります。

ポイント

絵の具の３色セット

- ３歳児が絵の具を使って描画活動を行なうときは、絵の具を３〜４色準備します。あまり多く準備しても使い分けるよりも、画面で混色するなどして、十分に多色の効果が出ないからです。
- 濃淡や、混色しても濁らない色を組み合わせるとよいでしょう。

長い耳の表現はさまざまですね。

ウサギさんきれいな
おふくきているの

お耳はどこに？　お日さまのようにどんどん増えていきました。

うすいピンクで
かきたい

横取りの隊形でうまく絵の具を使えていますね。

保育者の援助

描いているうちに握り持ちに戻ってしまったら？

夢中で描いているときはそっとしておき、一息ついたタイミングを見つけて筆の持ち方を直すように助言します。活動の始めには必ず持ち方を確認しましょう。

ウサギを描く

いっぱいくさが
はえてるの

ダイナミックな面に塗りました。

ながーい
おみみでしょ

おしゃれな女の子の髪の毛のように
ほんとうに長いお耳ですね。

保育者の援助

ウサギの顔や体を塗る必要はないの？

3歳児の絵の具の表現では、線で描くことのほうがしぜんのようです。しぜんに面を塗る子どももいます。面の表現を描画のねらいとしてたてた場合は別として、顔や体をすべて面表現に導くことはないでしょう。

保育者の援助

形を描いた絵を最後はすべて塗ってしまいます

せっかく描いた形が壊れて残念ですね。塗ることで活動の満足感を味う場合もあるので、子どもがなぜ塗ったのかを理解することが大切です。絵の具の活動で描いたものの上を毎回塗ってしまうようでしたら、塗るとせっかくのすてきな絵が見えなくなるので残念、などと伝えて止めてみるのも一案です。

おかあさんウサギと
あかちゃんウサギ

親子のウサギがお話しているようですね。
体は四角い表現ですが、横向きのウサギになっています。

完成　お耳のながーいウサギさん

頭足人のような頭足ウサギです。かわいい表現になりました。

濃い色から描き始めたので、ピンクと混ざって少し暗い色になりました。

胴体が横に表現されています。面と線がうまく使われていますね。

これも、頭足のウサギです。踊っているみたいです。

おく先生のミニ講義　●３歳児の絵の具の活動、いつ・どのように？

★時期は４月・５月に、思い切って始めましょう

絵の具を楽しむことが第一の目標になります。線描でシャボン玉やオタマジャクシなどの簡単な形を描く、模造紙や段ボール箱など大きな画面に塗るなど、描いたり塗ったりする絵の具遊びから始めましょう。

★急に目標を高くしないように

３歳になったのだから２歳とは違うと急に形を求めたり、きっちり塗ることを要求したりしないようにしましょう。なぐり描き、線が閉じて形が生まれてきた、人の顔や簡単なものの形を描くなど、３歳児クラスの子どもたちの１年の月齢の差は、描画の発達から見ると表現の違いが大きいのです。また、パスやマーカーでは線が明確に残っていたり形を描いたりしていても、絵の具という描画材独特の感触的な楽しみへ向かい、一面塗ってしまう場合も出てきます。３歳児の時期ならではの活動を受け止め十分に経験できるようにしたいですね。

動きを描く

走ったよ、跳んだよ

走ったり跳んだりして自在に体を動かしている子どもたちです。でも、絵に描くと動きの表現はなかなか手ごわくて、直立になったり棒人間だったり。そこで、こんな工夫をしてみました。運動会の絵につながった事例です。

活動のねらい

- 体の動きを意識して描くことを楽しむ。
- イメージした動きを工夫して表す。

★活動のはじまり

5歳児

「とび箱が5段跳べたよ」「縄跳びを続けて200回跳んだ」「竹馬がじょうずになったよ」など、日々の上達がうれしくて報告する子どもたちです。身体感覚で動きはわかっていても絵画に表現すると思うようにはいかなくて、言葉の説明で補うことも多いようです。そこで、とび箱を跳ぶと足はどうなるのか、縄跳びのときの手はどうなっているのか、竹馬に乗っている自分はどんな感じなのかを視覚的に確認して見ることから始めることにしました。

導入

①人型の動きを簡単なものから体験的に確認する

人型の手を脇まで曲げてみて、子どもたちにも同じポーズをして、人型の意味がわかるようにします。

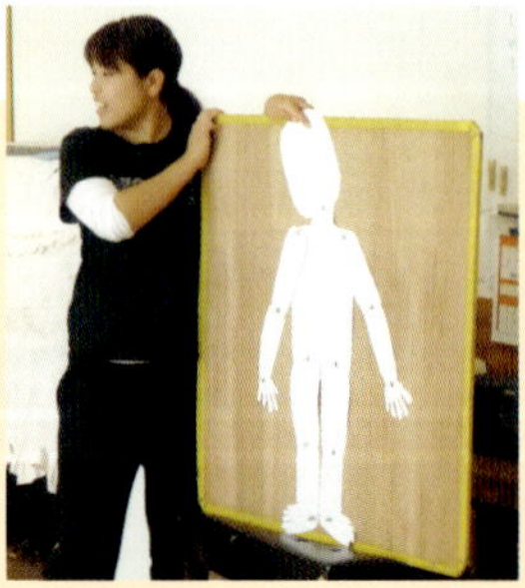

②5種類のポーズの人型を提示し、1ポーズごとに描き進める

手を曲げて太鼓を叩くポーズ、縄跳びのポーズ、とび箱のポーズ、竹馬のポーズ、リレーのポーズ、最後は自分で選んだ種目。それぞれを6個に区切った好きな枠に描きながら進めていきます。

準備するもの

- **画用紙**
  四ツ切。6等分する線を引いておく
- **マーカー**
  8〜10色。中字、丸芯
- **画板**
- **動く人型**
  画用紙で作る
- **ベニヤ板1枚**
  1m×1m。動く人型をはる（コマ回し用の板を活用）
- **押しピン**

動きを確認しよう

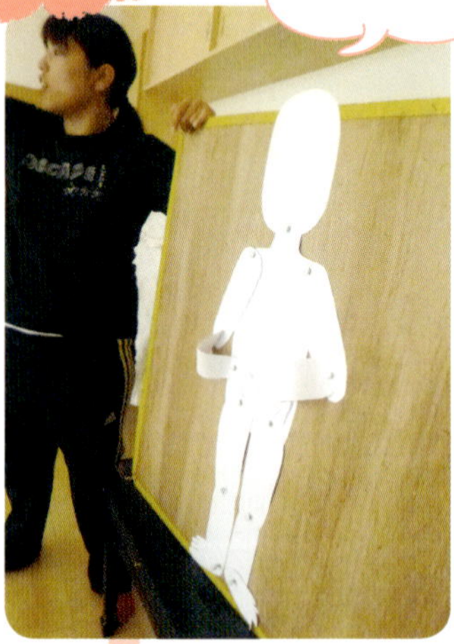
手には何を持っていたかな？

太鼓をたたくポーズ。腕が曲がっているね。子どもたちと対話しながら進めてきます。

うでをまげて…

みんなでしてみよう。こんな感じかな。

環境構成

動く人型の作り方

人型はひとつひとつのパーツが外れます。ポーズごとに形を作り変え、ベニヤ板に押しピンで留めて提示します。

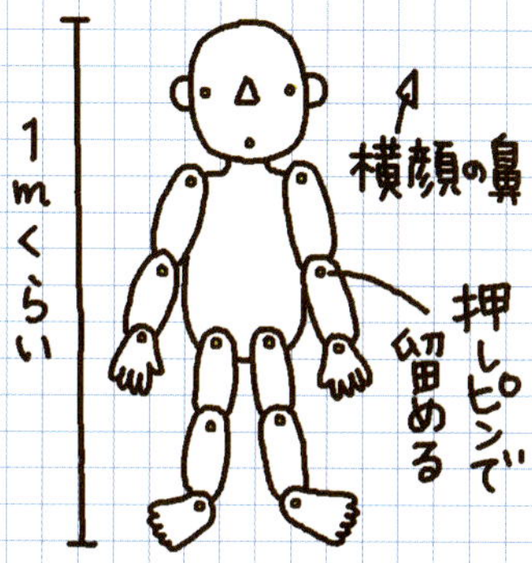
1mくらい
横顔の鼻
押しピンで留める

ポイント

動く人型が見える位置で

この活動は人型を見ながら進めていくので、人型が見えるような隊形を工夫します。

描き始める

たいこをたたくポーズ

腕の曲がりを工夫し、しっかりと塗っています。

こんなふうにうでがなっていたよ

二人目に挑戦中。腕が強調されています。

保育者の援助

時間をかけて、個々のペースに寄り添うことが大切です

・運動会での動きをいっしょに思い出したり、人型のポーズではわかりにくかったりする場合は、どこが動くか、曲がるかなど保育者といっしょにそのポーズを個別にしてみます。子どもによってわかりにくい動きが違いますので、個々の子どものつまずきを理解して対応することが必要です。

・ひとつひとつのポーズを描くのに時間がかかります。また、かかる時間に個人差があります。この活動では5つのポーズを1つずつ進めていきます。子どもたちは大変熱心に描き込みましたので時間がかかり、お昼を挟んで午後の時間も使いました。時間にゆとりを持って計画することが必要です。

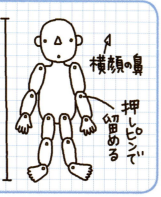

縄跳びのポーズ

手足を曲げる、少し難しいポーズです。

とんでるところは
むずかしいなぁ

手をあげて縄を持っています。足は難関でした。

かわいく
かけたでしょ

手を上げて縄を持っています。足は開いて描かれていますね。

とび箱、竹馬、リレーのポーズ

とび箱のポーズ。

竹馬のポーズ。

リレーのポーズ。

竹馬のポーズを描き始めました。縄跳びをしている人は横顔です。

たけうま、
じょうずにのれるよ

おく先生の

ミニ講義

● 動きの描画表現の特徴を把握しよう

★描画の発達と動きの表現

走る人の表現は5～6歳児では顔は前向き、手足は開くものの直線的な表現になる、小学校1年生で横向きの顔が半数、2年生で手足を曲げる表現が出てくるという描画の発達的な研究があります。また、この時期、左右を向いた人と正面を向いた人の表現の差はほとんどないという結果もあり、9歳前後になると多様な動きの表現が可能になると言われます。知的リアリズムから視覚的リアリズムへの移行ということですね。

★視覚と身体感覚

発達的には前述のようですが、観察や実践にトライしてみることは有効です。ただし、子どもたちの状況に無理にならないような工夫が必要です。この実践では、子どもたちが意外にも熱心に飽きることなく描き続けました。保育者の援助にも書きましたが、視覚的な理解だけでなく、身体的感覚を通して確認することで身体の動きのいっそうの理解と表現への工夫につながることでしょう。

完成　6枚の動きの表現

横向きの顔がおもしろい表現になっています。動きが楽しいですね。好きな動きは綱引きを描きました。

横顔と前向きの顔は髪型が違います。

リレーはバトンタッチのところです。動きというより、状況を描きました。6枚の絵の色がきれいです。

手足の開きが動きを表しています。確認しながら描いたのが伝わりますね。

ていねいにひとつひとつ確認して描くタイプです。動きがよくわかりますね。

リレーの横顔の目がおもしろい表現になっています。この描き方はほかの子どもにも多く見られました。

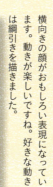

3歳児 4歳児 5歳児 異年齢

光る絵の具で描いたよ

いつものように絵の具で絵を描くのだけれど、今日の絵の具は魔法の絵の具。後で光るらしい。魔法の絵の具（蛍光絵の具）とのワクワクする出会いは子どもたちの表現意欲を刺激します。

活動のねらい

- 光る絵の具で描くことを楽しむ。
- ブラックライトで光った絵を見て互いの表現の工夫を見つける。

★活動のはじまり

3歳児 4歳児 5歳児 の異年齢

遠足で行った魔女の館には「まじょりん」という魔法使いが住んでいます。帰ってからも子どもたちの会話の中にしばしばまじょりんの話が出てきます。クッキング保育で魔女のクッキーを作ったり、ハロウィンパーティーをしたり、自由画の中にも魔女やハロウィンが描かれていて、子どもたちはまじょりんから届く手紙を楽しみに待っているようです。ハロウィンが近づいたある日、手紙とともに魔法の絵の具が送られてきました。魔法の絵の具は見たこともない光る絵の具のようです。

導入

導入ではまじょりんからの手紙に書かれた次のことについて応答します。

①光る絵の具について

ワクワクした気持ちを大切に、魔法の絵の具との出会いをつくります。ブラックライトに蛍光絵の具を近づけて、光ることを子どもたちと確かめます。

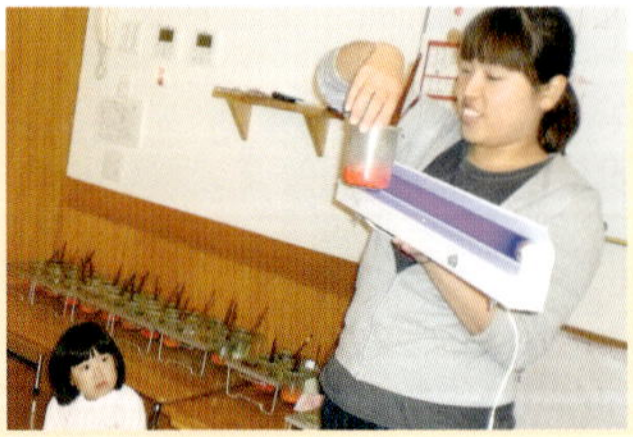

②ハロウィンのイメージについて

魔女やハロウィンパーティーについて応答し、子どもたちのイメージを確認します。

光る絵の具で黒い色画用紙に描き、後でほんとうに光るかどうか試すことを伝えます。

準備するもの

- **色画用紙**
  四ツ切。黒、紺
- **蛍光絵の具**
  黄色・橙・朱色・黄緑
- **絵の具**
  白
  …絵の具はどれも中濃度に溶く
- **溶き皿**
  カップを1グループに6個（白を2個準備する）

描き始める

蛍光絵の具も白い絵の具も光ります。すべてが魔法の絵の具かどうかわからないので、ワクワクしながら選びます。（5歳児）

- **筆**
  大・中
- **画板**
- **ブラックライト**
  2本

環境構成

絵を見る環境もつくっておきましょう

最後にみんなの絵を掲示して、ブラックライトで光らせることができるように、保育室の環境を整えておきましょう。

画板は横取りの配置になっています。

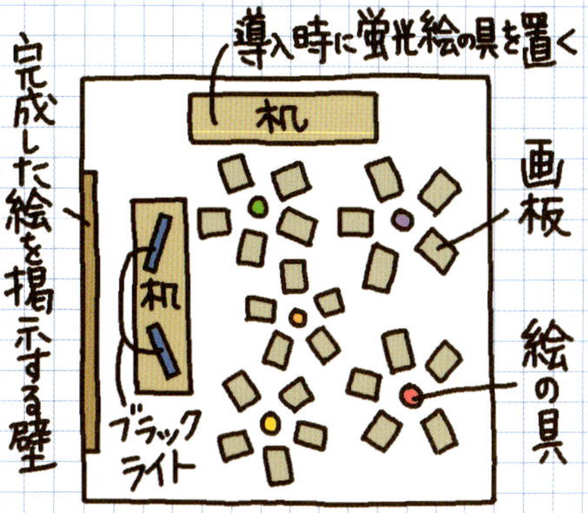

線の表現がきれいですね。
カボチャやおばけ、コウモリがいっぱいになりました。（5歳児）

保育者の援助

異年齢の活動では表現への援助の目安を持ちましょう

この活動では蛍光絵の具の使い方については特に年齢的な配慮はいりません。描画内容については、3歳児は楽しんだ経験が深いカボチャおばけを、4・5歳児は魔女やハロウィンパーティーの仮装などを中心に描くだろうと予測を立てました。これらを表現の援助の目安として、ひとりひとりへの対応を考えるといいでしょう。

ポイント

絵の具の白の使用について

各グループには蛍光絵の具4色と普通の絵の具の白をセットしました。絵の具の白はブラックライトで薄紫の蛍光色に光ります。蛍光色だけの強い色合いを少し緩和してやわらかさが出るでしょう。

色が混ざったところはどんなふうに光るのでしょう。（3歳児）

描き始める

まじょりんのほうき
かいたよ

ハロウィンも楽しいけれど、遠足で体験したまじょりんのほうが印象が強いのですね。(5歳児)

まじょりんが
とんでる

魔女の館やコウモリをていねいに描きました。光ったところは右のものです。(5歳児)

鑑賞する

けいこうとう
みたいのが
まほうらしい

ブラックライトの設定。

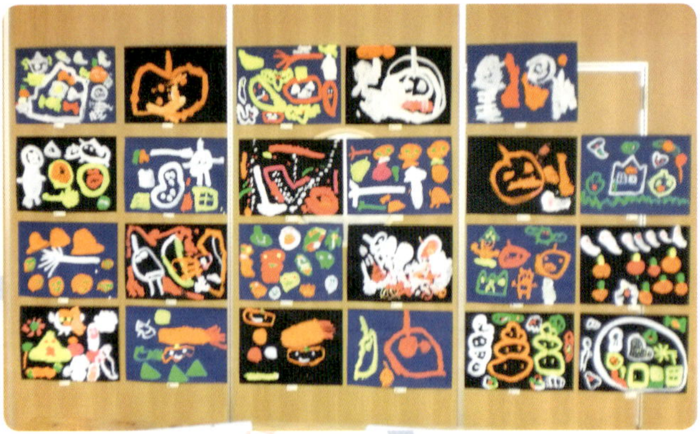

みんなの絵を壁にはりました。

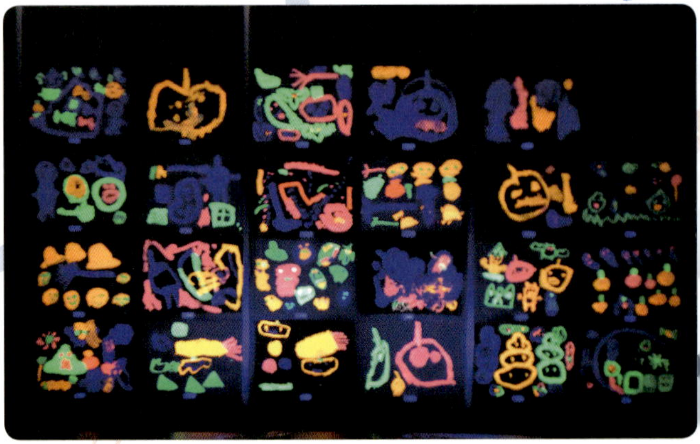

ブラックライトで光ったよ。きれいー。白い絵の具は紫に光りました。

まじょりん、コウモリ、カボチャ。(5歳児)

カボチャおばけが重なってタワーになっています。光ると楽しそうですね。(5歳児)

おばけとカボチャがいっぱい。(4歳児)

3歳児はカボチャおばけを描きました。

おく先生の ミニ講義 ●幼児期の「鑑賞」も大切です

★幼児期の鑑賞とは?

美術館へ行って芸術家の作品を見たり、映像などで文化財を知ったりすることだけが鑑賞ではありません。身近な環境にあるものや友達の表現を見たり触れたりすることも鑑賞です。この事例のように、幼児期には後者が大切な鑑賞教育になります。

★題材設定について

この活動では蛍光絵の具で描き、完成後にブラックライトで光らせてみんなで鑑賞することにつなぎます。「好きなもの」でも十分に楽しめますが、保育の流れの中で子どもたちが思いを共有できるものがある場合は、それを題材として設定しておくと、鑑賞のときに話のやりとりがしやすくなるでしょう。

3歳児 4歳児 5歳児 異年齢

よく見て描こう
クリスマスカクタス

クリスマスカクタス。クリスマス近くに咲く鮮やかな花ですが、よく見ると葉っぱが不思議、おもしろい。子どもたちにはどのように見えるのか、どんな発見があるのか、いっしょによく見てみることにしましょう。

活動のねらい

- クリスマスカクタスの葉っぱに興味を持って描くことを楽しむ。

準備するもの

- **画用紙**
  四ツ切
- **色画用紙**
  四ツ切。藍色・群青色
- **絵の具**
  各グループ緑系濃淡2色、グレー系1色、赤・濃いピンク系1色
- **パス**
  水色、青
- **筆**
  中筆（10号程度）

★活動のはじまり

4歳児

五感を働かせて身の回りの環境にあるものを感じ、表現することを大切に1年間の保育を進めてきました。音を絵にしたり、においを色で表現したり、おいしい味の色を探したり。聴覚、嗅覚、味覚、今回は視覚に注目してみました。「手みたい」「ハート」「ギザギザしてる」葉っぱは1個ずつつながって長ーく伸びているのです。「いちばん先にお花が付いている」こともわかって、クリスマスカクタスを描くことになりました。

導入

①クリスマスカクタスをよく見る

・まず葉っぱの形と、1個ずつつながって長くなっていることを確認します。

・次に全体を見て、お花や植木鉢についても話を聞き出します。

いちょう
ぎんなん

②画用紙と描画材について伝える

・画用紙と色画用紙は画板に置いてあるので、3色から好きな色を選んで座ること、パスと絵の具で描くことを伝えます。

・子どもたちが選んだ画用紙の前に座ったらクリスマスカクタスを運び、画用紙は青のパス、藍色か群青色の色画用紙は水色のパスの線で描くこと、絵の具はパスで描けたら持っていくことを伝え、スタートします。

パスで描く

うえのほうに
つながっているよ

画用紙は縦横自由に置いて描き始めます。植木鉢も葉っぱの形も多様ですね。

環境構成

クリスマスカクタスを中心に

画板は、クリスマスカクタスを中心に横取りの隊形で配置します。

細筆（6～8号程度）

- ●画板
- ●シート
- ●ぞうきん
- ●クリスマスカクタス
  各グループに1鉢

ポイント

画用紙とパスや絵の具の色の組み合わせ

・画用紙は白、藍色または群青色の3色の画用紙を組み合わせて準備しました。線描きするパスの色は画用紙のときは青、藍色・群青色の色画用紙ときは水色で同系色での組み合わせです。

・絵の具は各グループで少し色が違いますが、緑の濃淡、グレーです。赤・濃いピンク系は1色、後で出します。少し濃い目に溶いて、色画用紙に合わせるので、白を少量入れてマットにしておきましょう。

こんなふうに
ついているの

葉っぱを置いて見ています。
植木鉢からどんなふうに出ているのか確認しているのです。

絵の具で描く

絵の具を塗り始めます。葉っぱの色を変えて、ていねいに塗ります。

うえきばち、
5こもかいたよ

興味の対象が葉っぱより植木鉢とはユニークでした。

保育者の援助

葉っぱが描けない

葉っぱがつながっているのはわかったけれど、葉っぱがうまく描けないという子どもには、葉っぱをちぎって見ることにしました。しかし葉っぱの形を取るのはおすすめしません。画用紙の上に置いてみて、形より、1個、2個とつながりを確認してみて、伸びていくおもしろさに気づくようにしましょう。

絵の具で描く

葉っぱがいろいろな方向に向かって描かれています。どんな色が塗られるでしょうか？

はっぱなんこ
あるかな～

細かい葉っぱがいっぱいつながっています。
絵の具を塗るとパスの線が引き立ちますね。

はっぱをギザギザに
ぬるのはむずかしい

葉っぱの色を変えて、ていねいに塗っています。

うえきばちは
はいいろ

植木鉢と葉っぱの間が空いています。どうなるのでしょう。

おく先生の ミニ講義 ● 幼児期の観察画

幼児期は知的リアリズムの時期で、見たことではなく知っていることを描くといわれます。幼児期には観察画は存在しないのでしょうか。子どもたちは日常の環境にあるものを観察して新しいことを発見したり、再確認したりしています。言葉で応答しながら共感したり、感じたことを共有したりもしています。発見したことや感動したことを「こうなっていたんだ」「こんなふうになってる」など描きながら確認している姿があります。子どもの観察画は日常の経験に原点があり、観察することが新たな出会いとなり、描くことで見たことの記憶をとどめ、イメージを確認しているという一面を持っているのではないでしょうか。

完成 クリスマスカクタスいろいろ

2色の緑を工夫して使っています。上のほうへ向かったり、下のほうに垂らしたり、変化があって楽しいですね。

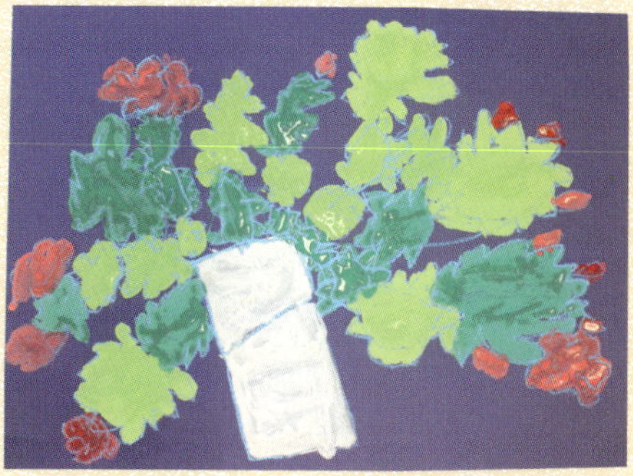

面に塗った線と黄緑色の色面が、とてもきれいでいきいきしています。

とてもすてきな表現ですが、上から見たように描いたのが気に入らなかったので、「もう1枚描きたい」と言っていました。

不安定な構図ですが、流れるような動きがあります。

「まだ描くの」と言って描き足しています。

深緑の部分は植木鉢の土だそうです。右に寄せた構図が生きています。

お顔を描いたよ

段ボールに描く

自分の顔を描いてみよう。異年齢クラスでそれぞれの描画の発達過程はさまざまです。スポンジで2色を混色して自分なりのお顔の色を作り、お顔の面を塗ることから始めてみましょう。

活動のねらい

- 絵の具の混色や塗ったり描いたりすることを楽しんで、自分の顔を描く。

★活動のはじまり

3歳児 4歳児 5歳児 の異年齢

4・5月、新しい環境で友達とコミュニケーションを取ろうと、子どもたちは話をしたりぶつかったりしています。楽しいこともちょっと悲しいときもあるけれど、助け合っていろいろな経験をしたい。3歳児～5歳児と幅広い年齢に対応できる活動がないかと考え、色を作ることから入れる活動を考えました。

導入

①自分の顔について話し合う

大きさは？　丸い？　長い？　顔には何がある？　細かいところまで聞いてみましょう。

②描く材料と出会う

段ボール板に描くことを伝えます。お顔の色が作れることを知らせましょう。パレットの2色の色をスポンジで1色ずつ付け画面の上で混色して見せ、お顔の色を塗ってみようと話します。（絵の具A）

③後で出す絵の具について

後で出す予定の絵の具の色を紹介し、絵の具Bは筆で、絵の具Cは綿棒を使うように伝えます。

段ボール板を選んで座ったところにスポンジと2人で1枚のパレットを配って活動が始まります。

スポンジに水を含ませてあることを伝えています。

準備するもの

●段ボール板

八ツ切大～四ツ切大に切ったもの。長いサイズ、正方形など多様な形に切る。

●絵の具

A 原液

…2色ずつ梅鉢パレットに入れる

ピンク・黄色、朱色・白、橙・白、橙・黄色、黄土色・ペールオレンジ・黄色

B 濃い濃度に溶いたもの

…こげ茶・赤・白、＋水色

C 原液

…白・黒

混色する（スポンジで塗る）

いろがかわったよ

スポンジで塗り始めます。いろいろな顔の色になっていますね。（3・4・5歳児）

ポイント

円形になって

今回は2人で1つの梅鉢パレットを共有できるように、円の隊形で描きました。

- **梅鉢パレット**
- **溶き皿**
- **筆**
  太筆・中筆
- **スポンジ**
  5cm角くらいのもの
  （水を含ませて軽く絞っておく）
- **綿棒**
- **シート**

環境構成

道具は潤沢に準備しましょう

梅鉢パレットは2人で1枚準備します。活動のスタート時点での描きたい気持ちを抑えて待たせることをせず、さっと取り組める環境をつくっておきたいですね。用具を使うルールになじんでくると、待つことや用具の共有ができるようになります。

保育者の援助

子ども同士の表現への指摘への対応は？

顔の形にならない表現や全面に絵の具を塗ってしまった表現に対して、子ども同士の言葉は率直で鋭いことがあります。指摘する子どもの言葉をやわらかく受け止めたうえで、絵の具が楽しくて塗ってしまうことや、年齢的な違いについて気づかせたりする機会だととらえて、指摘した子どもと向き合いましょう。

絵の具で顔を描く

おかおのいろ
きれいでしょ

二人の顔です。後でもう一人増えるのです。（4歳児）

ぼく、おとうさん、
おかあさん

3人それぞれの違いを表現しています。（4歳児）

おかおできた

顔といっしょに髪の毛もスポンジで描きました。
どうするのかな？（3歳児）

おめめ
かくね

重ねて髪の毛を描いています。細かいところは綿棒で描きます。（3歳児）

絵の具で顔を描く

ぬるの
たのしい

真っ赤に塗っています。でも、きれいです。（3歳児）

リボンをつけて
かわいくしたの

思い切り大きい面がダイナミックです。（5歳児）

いっぱい
ぬりたい

お顔の色を作ったところを、いきなり塗ってしまいました。（3歳児）

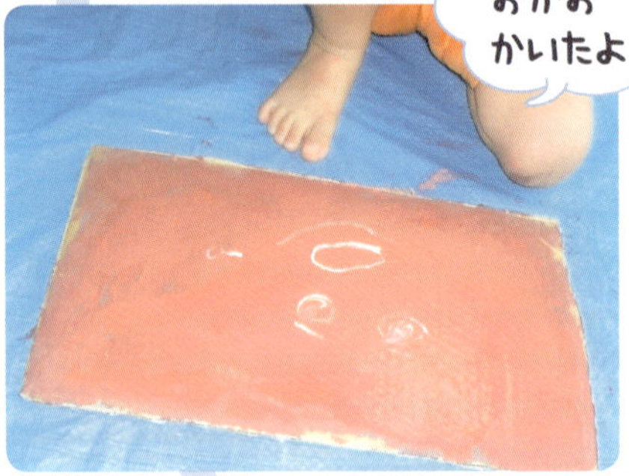
おかお
かいたよ

二度目の顔が出現。綿棒の線が繊細です。（3歳児）

でんしゃ
だいすき

楽しいときの顔ですね。水色は乗り物です。（5歳児）

保育者の援助

最初から塗ってしまった子どもへの援助

最初にスポンジで顔の色を作って面に塗ったので、こげ茶色などで髪の毛や顔のパーツを描いてほしかったのですが、顔の面の上に重ねてこれらの色を塗りだしました。塗ってしまったのは3歳児で、それも1期の4～5月ですので、保育者の予想の範囲です。「いっぱい塗ったね」と受容したうえで「この色で塗ったのはなあに？」と塗った色の意味などを聞き、塗ることが楽しくて止まらないようでしたら、「今日は何を描くのだったか」尋ねて、次にどのようにしたいかをいっしょに考えましょう。このとき「まちがった」という思いを子どもに持たせないようにしたいものです。

完成　並べてみたよ

ぼく、お父さん、お母さんの3人です。(4歳児)

2人とも独創的な色使いですね。(5歳児)

左から、4歳児、5歳児、3歳児の絵です。

2枚とも左右対称に、ていねいに描いています。(5歳児)

左から5歳児、3歳児、4歳児の絵です。

完成。並べてみんなで鑑賞します。

おく先生の ミニ講義　●ひとつの活動にいろいろな楽しみを込める

異年齢クラスなどの年齢や発達の幅が広い子どもの集団では、ひとつの活動にいくつかの楽しみが含まれるように構成することを試みましょう。

- ・感触的な楽しみ　・塗るおもしろさ　・混色の発見
- ・筆で描くこと　・綿棒で細かく描くこと
- ・友達の絵を見てコミュニケーションすること

などです。子どもがこれらの要素のどこかに楽しさを見つけてくれるといいですね。

常に方法を区切って絵を描くことは推奨しませんが、異年齢での絵の具のはじめの一歩として楽しんでみてはいかがですか。

透明な素材に描いたら

ちょうちょ

絵を描いたり模様で飾ったりする画面は紙だけではありません。透明な画面は魅力的な空間です。日常でよく使うクリアフォルダーは身近な素材です。油性マーカーや絵の具でどんなふうに描けるでしょうか?

活動のねらい

- スタンピングや絵の具で描くことで羽を飾ることを楽しむ。(4歳児)
- 透明な素材を生かしてチョウチョの羽に模様を描くことを楽しむ。(5歳児)

★活動のはじまり 4歳児 5歳児

園庭でチョウチョ(ツマグロヒョウモン)の幼虫を見つけて飼育し、羽化させました。子どもたちは幼虫やサナギの強烈な色や形に興味を持っていました。「どんなチョウチョになるの?」調べたり、想像したりして楽しみにしています。羽化の3日前、どんなチョウチョが生まれてほしいか、描いてみることにしました。

導入

① サナギについて

飼育しているサナギがどんなチョウチョになるかを考え、羽の形や色について応答します。

② 4・5歳児それぞれの方法を伝える

・4歳児はチョウチョの形に切ったクリアフォルダーにスタンピングをし、次に絵の具を使うことを伝えます。

・5歳児はクリアフォルダーにチョウチョの形を黒の油性マーカーで描き、ハサミで切って開いて羽の模様を描き、裏側からマーカーで色を塗ることを伝えます。

※ 4歳児から開始し、時間差で5歳児の活動を開始しました。

準備するもの

【4歳児】

●クリアフォルダー

A4サイズ。チョウチョの形に切っておく

●絵の具

高濃度で台所用中性洗剤を少量混ぜる(クリアフォルダーに描いてもはじきにくい)

スタンピング用

…朱色・黄色・灰色、ピンク・エメラルドグリーン・青、紫・橙・白

描画用

…エメラルドグリーン・黄色・藤色・白・青

4歳児 絵の具で

いっぱいもようをつけよう

チョウチョの形のクリアフォルダーにきれいな模様をスタンピングしています。

環境構成

4歳児

スタンピング材
机の上に厚紙を固定し敷いておく
スポンジに絵の具を染み込ませておく

- **絵の具用カップ**
- **スタンピング材**
  トイレットペーパーの芯、段ボールを巻いたもの、フィルムケースの底にプチプチシートをはり付けたもの　など
- **筆**
  大・中
- **スタンピング皿**
- **スポンジ（絵の具をしみ込ませる）**
- **白い厚紙**
  描くときの台紙
- **ぞうきん**

［5歳児］

- **クリアフォルダー**
  A4サイズ
- **油性マーカー**
  10色ぐらい
- **ハサミ**
- **トレー**
  マーカーを入れておく
- **白い厚紙**
  描くときの台紙

環境構成

場所とものの準備

・机を使用し、机上に白の厚紙を敷きます。マーカー使用はイスに座って、絵の具使用はイスなしです。

・マーカーはトレーに入れて共同使用します。

もようをけさないようにぬってるの

スタンピングした模様の間を塗っています。全部塗るのかな？

むらさきいろかわいいね

スタンピングした模様をめぐるように、絵の具で線を描いています。

ぜんぶぬれたよきれいでしょ

塗る、スタンピングする、が同時進行です。右側の子どもは全部塗ってしまいました。透明の効果はどこへ？　でも、この子は満足でした。

5歳児

チョウチョのはねをつくっているよ

クリアフォルダーに描いたチョウチョの形をハサミで切ります。

ツマグロヒョウモンのもようだよ

開いてチョウチョの羽の模様を油性マーカーの黒で描いています。

にじのいろをぬるよ

色を塗り始めます。白い紙を下に敷いているので、色がきれいに見えていますね。

つぎはどのいろにしようかな

黄色い容器には共同で使うように油性マーカーが入れてあります。これは便利。

環境構成

5歳児

共同で使うマーカー
厚紙(四ツ切大)を固定せずに置いておく

もうちょっとでできるよ

きれいなにじ色に仕上がってきました。マーカーで面をしっかり塗っています。

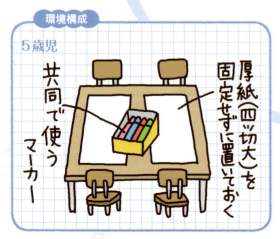

完成　ちょうちょが飛んだ

左右対称に近い模様です。きれいなチョウチョ。

窓に飾りました。にじ色のチョウチョがきれいです。

絵の具の模様のチョウチョ。模様が不透明で、マーカーとは違う味わいです。

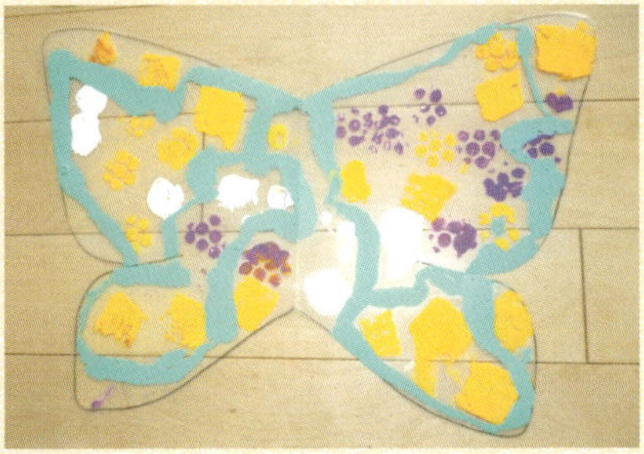

油性マーカーの透明の色面が、ボリュームがあってすてきですね。

おく先生のミニ講義　●透明な素材を効果的に使うために

★マーカーの種類を選択しましょう

ビニールやクリアフォルダーなどの透明素材に描く場合、描画材を選ぶ必要があります。マーカーを分類すると、水性・油性があり、それぞれに染料系・顔料系があります。水性は水溶性染料を溶かしたインキで、色が油性インキに比べて鮮やかで紙に描いてもにじみや裏移りが少ないけれど紙以外の素材には描けません。油性は有機溶剤に油溶性染料と樹脂を溶かした速乾性のインキで、紙・プラスチック・金属・ガラス・布・皮・陶器など、色々な材質に描くことができます。顔料系に樹脂を配合したものも同様です。また、染料系のマーカーは透明性が高く、顔料系は不透明です。本事例の活動では、染料系・油性マーカーが適当だと言えるでしょう。

★線と面をうまく使いましょう

線と面に塗ってこそ、光を通すとステンドグラスのようになる美しい効果を期待できます。線で描く場合と面を塗る場合を考えて、マーカーの芯の太さを変えて準備することをおすすめします。

動物できた

段ボールを切って

段ボールを切ってみましょう。切った段ボール片に切れ目を入れると、立体工作紙のように組むことができます。組んだ段ボール片が立つことを発見。段ボール片からどんな動物ができるのでしょうか。

活動のねらい

- 段ボールのこぎりを使って切ることを経験する。
- 切った段ボール片から、イメージした動物を作ることを楽しむ。

★活動のはじまり

5歳児

日常にある大人が使う道具に子どもたちは興味深々です。ハサミはよく使う道具ですが、金づち、のこぎり、千枚通しなど、安全面に配慮がいる道具は未経験です。新しい道具の使用を通して表現の幅を広げられたら楽しいだろうと考えていました。身近なものを探してみると、段ボールが大量にあった→段ボールのこぎりを使ってみたい→段ボールを切ることに挑戦しよう！　と、保育者からの提案で切る活動が始まりました。

導入

①段ボールを切る

段ボールを何で切ったらよいか聞くと、「ハサミ」という答えが圧倒的です。段ボール板を実際にハサミで切ると切りにくい。そこで段ボールのこぎりの登場。何度か切って見せ、切り方を確認します。

②段ボールを組む

切った段ボール片に段ボールのこぎりで切り込みをいれ、2枚の切り込みを差し込んで組んで見せます。「くっついた」「立った」。組むと立つことがわかりました。

③作りたい動物のイメージを描く

「段ボールを切って、組んだりして立てて、動物にならないかな」と提案し、個々に作りたい動物を考えます。

準備するもの

● **段ボール板**

段ボール箱を解体して、子どもが使いやすい大きさの板状にしておく。50cm×30cm×30cmくらいの段ボール箱なら1個で3～4人分

環境構成

段ボール板の準備

- 段ボールには厚くて硬いものや、薄くて軽いものがあります。子どもに扱いやすいのは薄手のものです。段ボールのこぎりで切ることを考慮して選択しましょう。
- 箱を解体して板状にし、大きすぎる板は半分くらいに切り、箱などに入れて1、2か所に置きます。

段ボール板を切る 段ボール片を組む

しっかりおさえるとよくきれるよ

段ボール板を切っています。真剣です。

保育者の援助

段ボールが切れないとき

切れない原因を見つけて対処します。段ボールのこぎりの持ち方、段ボール板の押さえ方を変える、厚くて硬めのものを選んでいたら軟らかいものに変える、いっしょに切ってみるなど、いっしょにいろいろ試してみましょう。

●段ボールのこぎり

1人1本

●低いイスか台

段ボールをのこぎりで切るときに使用

●木工用接着剤

組んだ箇所が甘いところや、組まないで接着する箇所に使用。必要に応じて出す

●お手ふきタオル

●ビニールシート

●絵の具

濃い濃度で溶く

少量の白を混色した緑・黄色・山吹色・オレンジ色、朱色、赤、薄いピンク、白、黄土色、金茶色、こげ茶、紺色、黒

●絵の具溶き容器

上記の絵の具2～3色を1組にして5か所に配置する
必要な色があるところで塗る

●筆

太筆・中筆・細筆

ポイント

絵の具の彩色は必要？

・段ボールだけで魅力的なので、彩色は考えていなかったのですが、子どもからの要求で絵の具を使うことになりました。絵の具の活動は別の日にしています。

・絵の具を準備する場合は段ボールに塗るので、濃い濃度に溶き、白を少し混ぜてマットにすると明るい色は塗った時の発色が良くなります。

・類似した色の動物ごとに色をセットして、塗りたい場で彩色するとよいでしょう。

ポイント

段ボールのこぎりの渡し方・使い方

・机などの台に段ボール板を置き、片手でしっかり押えてもう一方の手で段ボールのこぎりを持ち押したり引いたりして切って見せましょう。

・段ボール板の切りたい部分の近くを持って切ると手を切る危険があるので、少し離れた部分を持ったり押えたりすることなど、切る方法をしっかり伝えましょう。

・初めて使用する場合は段ボール板を選び、場所を決めて座った子どもから、段ボールのこぎりを手渡します。2回目以降は置く場所を1か所に決めて、使用後に戻すようにします。

・安全に活動できるよう配慮してください。

ウサギのどうたい
にしたいの

切った段ボールを円筒形にしようとしています。

ワニがつくりたい

歯のギザギザを切っています。段ボールのこぎりでは切りにくいようでハサミを使っています。

保育者の援助

動物がイメージできないとき

最初に作りたい動物を考えつかない場合、まず段ボール板を切ることから始めましょう。切ったものの形がヒントになることや、組んで立たせた姿からイメージすることも可能です。手始めに「ものとかかわる＝段ボールを切ること」から始めてみましょう。

動物ができた 色を塗る

後日、色を塗る時間を設けました。

ウサギさんの
からだはピンク～

ウサギに色を塗る子どもたち。いちばん人数が多いです。

ライオンの
からだは
おおきいよ

ライオンを作った子どもたち。
同じ色でも体に塗る子ども、たてがみに塗る子どもがいます。

ペンギン、
はねはくろいよ

ペンギンは色の塗り分けが、いちばん必要でした。

しろいはが
いっぱいあるよ

たったひとり、ワニを作りました。

おく先生の ミニ講義

●段ボール板を切ること、立たせることになぜ夢中になるのでしょう?

★ひとつは「変化」です

小さなパーツを組み合わせて複雑な虫や飛行機などをつくる構成遊びや開くと立体が立ち上がるポップアップの絵本は子どもたちに人気です。小さなパーツが集合して具体的なものになる、平面であるはずの絵本のページに立体が現れる、段ボール板を切って大きさや形を変える、再構成して立体化するという変化です。

★もうひとつは「挑戦」です

この活動がヴィゴツキーが言う「発達の最近接領域」(自主的には解決できない問題や技能でも、大人が適切な指導・援助をすれば解決できる領域)にあたり、活動のちょっと難しい要素が子どもたちを挑戦的にしたのだと考えます。この活動の意義がここにもあったのですね。

完成

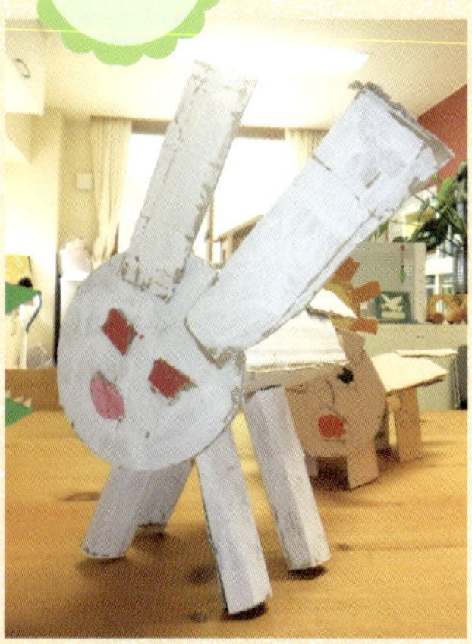

少し首を傾けてお話しそうなウサギです。

2匹のライオン。親子かな？　お友達かな？

立体工作紙（厚めの画用紙の四方に切り込みを入れ、組み合わせられるようにしたもの）のように段ボールを組んで作ったウサギさん。

ペンギン2羽。足を作るのが難しかったようです。

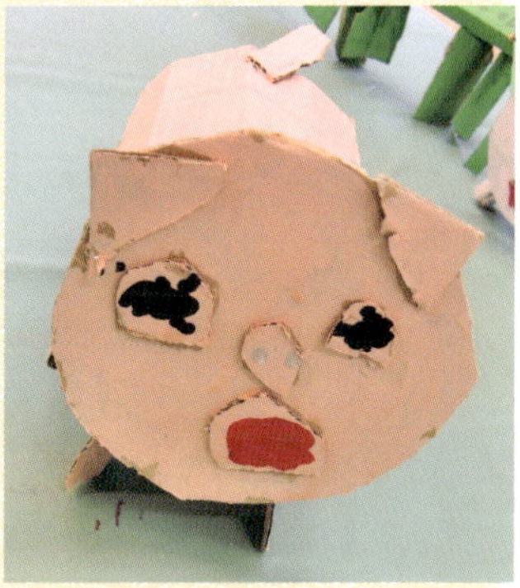

ブタさん。1匹だけ登場。

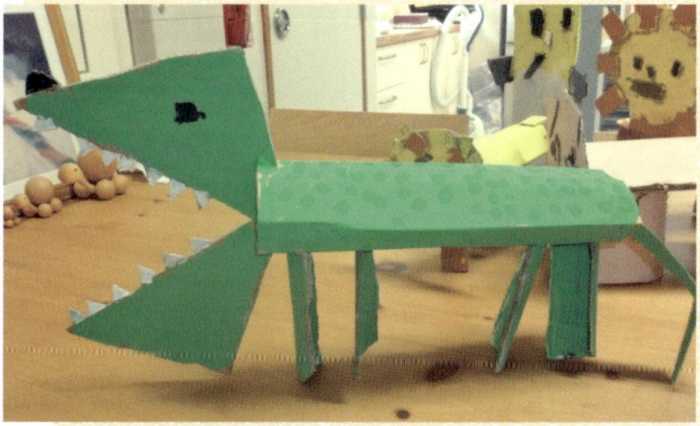

ハサミで切った歯と、体の点々の模様がすてきなワニ。

人気のウサギさん大集合。

ペーパークラフト

動物を作る

四本の足で立つゾウさんやライオンさんを作りたい。画用紙を使って立体的な動物を作ることに挑戦します。円筒形を作り、立体同士を接着する。紙製作の基本と工夫が生きた動物たちが生まれます。

活動のねらい

- 円筒形や立体の接着方法など、紙製作の基本を知る。
- 立体が立つように工夫して動物を作ることを楽しむ。

準備するもの

- **色画用紙**
  四ツ切の¼サイズ
  …水色、青、黄緑、黄色、山吹色、橙色、黄土色、薄ピンク
  名刺大のサイズ
  …白・黒・赤
- **かご**
  画用紙を入れておく（2セット準備）
- **木工用接着剤**
  2〜3人で1個共有
- **手ふきタオル**

★活動のはじまり　5歳児

色画用紙を切ったりはったり、平面構成を楽しんでいる子どもたちです。以前作った、二つ折りにして目を切り抜いて作った変身できる仮面では、一部分を立体的に作ってレリーフのようにしていました。次は立体にできるかな。動物園へ遠足に行った子どもたちがそこで見た動物に興味を持っていたので、もう一歩工夫ができる紙の立体に挑戦しました。

導入

導入では①について応答し、②はしっかり伝えましょう。

①動物園で見て興味を持った動物について応答する

・作りたい動物が決まったら、動物の体の構造についてともに考えます。
・胴体に各部位がどのようについているかを確認しましょう。

②使う素材と紙操作について伝える（右図参照）

1. 円筒形を作り胴体部分になることを確認します。
2. 足になる小さい円筒形を4つ作り、胴体のどの部分にどのように付ければよいか応答した後、付けてみます。ここが今回の基本となる部分ですのでしっかり伝えたいですね。
3. 顔をどのように作るかについて子どもの発想を聞き、わからない場合は提案します。
4. 耳、首、しっぽなど動物によって違いがあるので特徴を確認したうえで、製作過程で個別対応します。

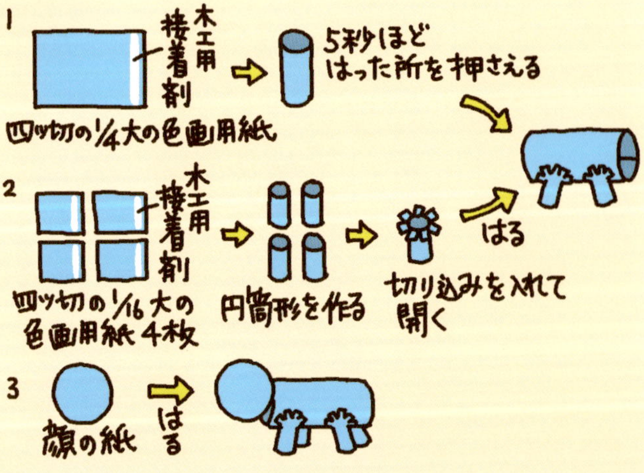

- ハサミ
- 粘土板

個々の活動場所とのり台を兼ねる

環境構成

色画用紙は、大きさと色が重要

・四ツ切の¼サイズは胴体の円筒形に、足は子どもたちが¼サイズを4つに折り、4等分に切ってもらいます。紙は縦・横選択可能ですが保育者は横で提示します。目や口など少量のものは小さめの紙を準備します。各色・サイズともに顔や耳などにも使うのでゆとりを持って枚数を準備しましょう。

・動物の体の色は固有色にこだわる必要はありません。楽しい色合いになるように組み合わせてみましょう。

円筒形を作る

あしは4ほん
つくるの

動物の足になる円筒形を作っています。

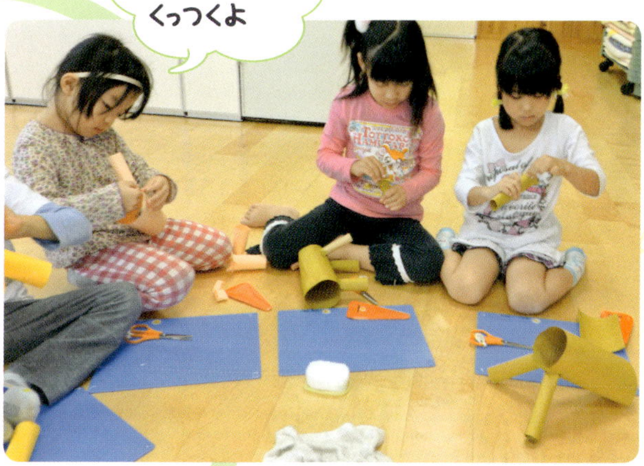
10かぞえると
くっつくよ

木工用接着剤は3人で1つ、使っています。

ポイント

ペーパークラフトのコツ

・折り目はしっかり折りましょう。きれいな折り目は美しいでき上がりにつながります。

・セロハンテープは使用しないで、木工用接着剤などでしっかりはり合わせましょう。作品の一部が光っていると作品の材質感に統一感がなく残念です。

立つかな?

タコさんみたいにきってはりつけるの

キリンの胴体に首を付けようとしています。

ライオンの目を小さく丸く切るのが難しく、四隅を落として作っています。

あしがひらくのは、なぜ

キリンの首が長く、顔が重くて足が開いています。でも、何とか立っているのです。多色?のキリンです。

ぼくのキリンはちゃんとたってるよ

キリンの模様も付けました。

おしりのところがむずかしいなぁ

ゾウのお尻の部分も閉じたくて、工夫の最中です。のりしろが開いていますがどうなるのでしょうか。

保育者の援助

動物が立たないときこそチャンス!

首が長いキリンや鼻の長いゾウを作っている場合は、重さのバランスが取れずに倒れやすくなります。首の角度や長さを見直す、しっぽの部分を重くする、足の角度を調節するなど、考え、工夫することを大切にしましょう。「首を後ろに反らせたら立ったキリン」、「顔と同様にお尻にふたをして耳を後ろに反らしたゾウ」、「たてがみに支えられたライオン」など楽しい工夫が見られました。

完成　動物たち

ウサギさん。長い耳を立体的に付けました。

ライオンさんとクマさん2匹。
クマさんの黄緑色がさわやかですね。

キリンです。首がちょっと重いようですが、バランスを取れる位置に首をはり付けています。

ゾウさん完成。お尻にも注目。
力強い作品です。

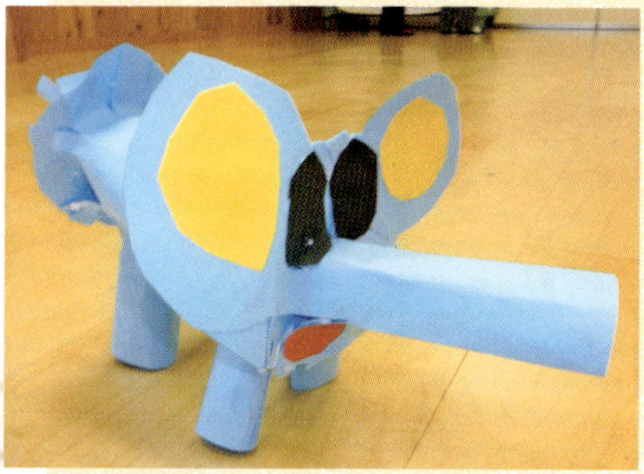

動物たち。ゾウとキリン。
長い鼻と長い首がユニークな動物たちです。

ライオンさん。
たてがみに支えられて立っています。

おく先生のミニ講義　●紙操作と発達過程

★紙操作や紙にかかわる行為の発達の目安をつかんでおきましょう

●0・1歳児：つかむ、つまむ、引っ張る、振る、出す、入れる、くしゃくしゃにする、裂く、破る、ちぎる

●2歳児：丸めようとする、くっつける、切る（一度切りなど）

●3歳児：丸める、折る（二つ折り、階段折りなど）、ねじる、はる、つなぐ、巻く、切る（連続切り、曲線を切るなど）

●4・5歳児：立体にする（円柱、四角柱など、それらを組み合わせて形作る）、曲げる、穴をあける、組む（折り紙、立体工作紙　など）

同年齢でも個人差や経験などによって異なり、同じ操作でも3歳児と5歳児では内容を変えて提案するとよいでしょう。

土の鈴

粘土を焼いたよ

粘土は子どもたちが大好きな素材です。ちぎる、丸める、ひねり出す、くっつけるなど多様なかかわりが自在にできる土粘土を、焼くとどうなるのでしょう。土の鈴に挑戦です。いい音がするかな？

活動のねらい

- 作りたい生き物をイメージして、土の鈴を作ることを楽しむ。
- 丸める、切る、穴をあける、くっつけるなど、いろいろな粘土操作を工夫する。

★活動のはじまり

5歳児

コーナー遊びで、積み木や粘土は子どもたちがいつでも自主的に遊べる人気の素材です。油粘土でかなり細密な操作をしている子どもたちですが、自然素材である土粘土の経験をしてほしいと考えました。ダイナミックな粘土活動もしておきたいのですが、卒園を控えて記念の品にもなるように、土の粘土を焼くことにしました。日常的に使っているお茶碗やお皿のような硬い陶器になる過程を見られたらと思い、陶土を使っての土粘土との出会いになりました。焼成は地域にある楽焼の窯でお願いします。

導入

①土鈴について

・いくつかの土鈴を見せて、音を聴いたり、何でできているかを聞いてみたりします。

・土鈴の作り方と作りたいイメージについて基本的な形まで作って見せて、そこからどのような生き物にしたいか考えます。

②基本形を作る

・粘土を手渡しして感触や重さを味わった後、基本的な形まで保育者が示しながら子どもたちとともにプロセスを踏んで作ります。

・基本的な形までできたら、自分が作りたいイメージに沿って作っていきます。

準備するもの

- 焼成用土粘土
  1人500g程度
- 粘土ベラ
- かきベラ

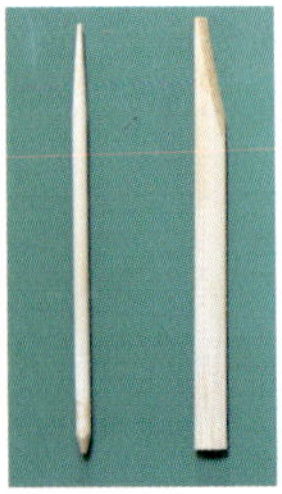

粘土ベラ

かきベラ

土鈴の基本形の作り方

1 粘土で、握りこぶしぐらいの丸い形を作る

500gの粘土をすべて使って球にします。

2 タコ糸で、丸くした粘土の塊を半分に切る

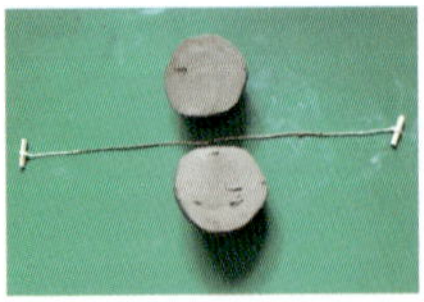

3 切った粘土の中身をかきベラでくり抜く

切り口の周りの縁から1cmくらいのところに線を描きます。

中をくり抜きます。くり抜いた粘土はコロや付属のパーツに使います。

● **タコ糸**
粘土を切る

● **どべ**
粘土を接着する。瓶などに入れておく

● **筆**
どべを塗る

● **粘土板**

● **ぞうきん**

● **新聞紙**

ポイント

油粘土と土粘土の違いは？

油粘土で作った人物の腕は胴体に押し付けただけでくっつき、長時間置いておいてもだいじょうぶです。土粘土で同じ付け方をすると、乾燥したとき腕は取れてしまいます。しっかり胴体に埋め込むように粘土を馴染ませるか、「どべ」と呼ばれる粘土を水で溶いた接着剤を使って付ける必要があるのです。油粘土との違いを知って、作ることが大切です。

4 **小さなコロを作り、新聞紙で包んでくり抜いた半球の中に入れ、もうひとつの半球と合わせてどべでくっつける**

コロ(直径1.5～2cm)を作ります。

コロを新聞紙に包んで半球に入れ、どべを半球2個の切り口に塗る。(焼成の際に新聞紙は燃えてなくなる)

5 **粘土べらで、鈴穴をあける**
この口の大きさで音色が変わる

半球をくっつけて、きれいにならします。

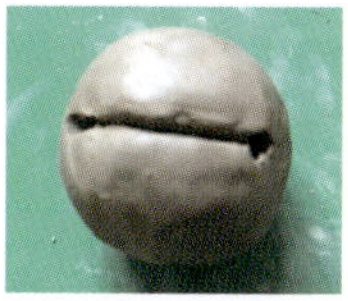

粘土べらで鈴穴を切り、両端を整えます。

6 **取手や、飾りのパーツを付ける**

7 **1週間ほど風通しの良い日陰で乾かす**

8 **素焼き(600℃～700℃)をする。その後、釉薬《ゆうやく》を載せて本焼きする**

基本形を作る

まるくつるつるにしたい
AMERICAN VINTAGES

中身をくり抜いた半球をくっつけ、丸い形に成形中。表面の凸凹をなくしたいようです。

こんなちいさいのができたよ

細かい指使いで目を作っています。

オリジナルな形に変身中

これで
いいのかなぁ？

穴がうまくあかないので、友達に見てもらっています。

おみみがじょうずに
ついたよ

どべで耳を付けます。筆を使うのが新鮮だったようです。

もつところ
ついたよ

小さなパーツを慎重に付けています。取れないように、がんばります。

ゆびでのばすと
くっついた

目を付けて、顔ができてきました。

のこったねんど
どうしよう

カニの製作が終わりました。カニの手足が動いているようですね。

ポイント

焼成時に破損しないように

- 土鈴の成形が終わったら、基本形に鈴穴（音が出る口）が開いているか確認します。
- 基本形に付けた持ち手やほかのパーツがしっかり付けられているか確認し、危ない場合はどべで補強しておきます。
- 風通しの良い日陰で1週間程度乾燥させます。直接太陽に当てるとひび割れの原因になりますので注意。

完成　土鈴いろいろ

ネコ。立派なひげが動きを出しました。

トリ。今にも鳴きながら飛び立ちそうです。

カニ。細かく作ったカニの手と小さな目がかわいいですね。

カメ。甲羅の模様が立体的ですてきですね。

タヌキとネコ。ピンクとレモン色が鮮やかです。表情がおもしろいですね。

作品展で展示しました。ひとつひとつが作った子どもに似ているような気がします。

おく先生のミニ講義　●基本をしっかり伝えましょう

★土粘土の変化を理解する

適度な軟らかさの土粘土は田んぼの土のように泥んこ状にもなり、成形して乾燥させると硬くなります。また焼成すると、はにわや植木鉢のような素焼きに、釉薬をかけるとカップやお皿のような陶器になります。土粘土で作る→乾燥させる→窯で焼成する（釉薬をかけて焼く）という工程と土粘土の変化がわかるように伝えましょう。

★作り方の基本がわかり、見通しを持って作る

土鈴は本体の中にコロという玉が入っていて、鈴穴が開いているから、カラカラ、コロコロという音が出ること、焼くと粘土が陶器になってきれいな音が出るということを見通して製作することができるといいですね。

複雑な工程がある活動は５歳児ならではの活動でもあります。子ども独自の表現を生かすために、基本をしっかり伝えましょう。

獅子舞が来た

お正月に獅子舞がやって来ました。真っ赤な獅子頭の巨大な目や鼻、獅子に頭をかんでもらったときの大きな歯と牙に驚き、怖いけれど興味深々。自分の獅子舞を作りたい！　ティッシュペーパーの箱が獅子頭に変身します。

活動のねらい

- 獅子頭の特徴をとらえて自分の獅子舞を作ることを楽しむ。
- 作ったものを使って友達と遊ぶ。

★活動のはじまり

4歳児

毎年1月に獅子舞がやってきます。今年1年健康でいられますようにと獅子に頭をかんでもらいます。こんな獅子舞が来るよ、とコルクボードに獅子舞の写真をはり、楽しみに待っていました。笛や太鼓の鳴り物付きで園庭で舞う獅子の姿は想像以上にインパクトがあり、自分の獅子舞の工夫へつながりました。

導入

①獅子舞と出会って感じたこと、見つけたこと

・獅子舞を実際に見てどう思ったか、頭をかんでもらってどうだったかなどを聞きます。

・次に全体の構造や顔のパーツとその特徴について応答し、確認しましょう。

②使う素材と作り方について

・保育者がティッシュペーパーの箱をパクパクさせ、獅子頭になることをイメージします。

・獅子の色、口の中の色など各パーツの色を子どもに聞き、保育者が準備しておいた色画用紙の色と大きさを見せて、どの部分に使うか考えるように言います。

・使いたい獅子の色が決まったらその色を配り、作り方を説明して作り始めます。(獅子舞の作り方参照)

準備するもの

●ティッシュペーパーの箱

1人1個。獅子舞の作り方2まで保育者が作っておく。

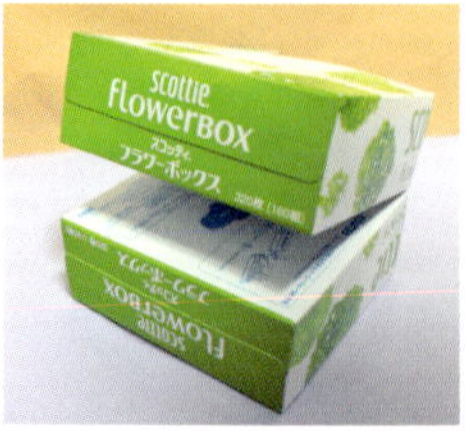

●色画用紙

赤、緑

…大、中を子どもの人数×2程度の枚数(1枚は三角柱に使用)

オレンジ色、朱色

…大を2色で子どもの人数＋α(口の中に使用)

白、黒、黄色

…小を各子どもの人数の2倍＋α

獅子舞の作り方

1 ティッシュペーパーの箱を切る

2 抜き出し口を閉じ、手を入れる部分を作る

茶封筒を巻いたものを固定します。

3 三角柱をはる

大サイズの画用紙を三角柱にしています。

4 個々で獅子舞のパーツを作っていく

・口の中、箱の周りに色画用紙をはる
・目や髪の毛などを付ける
・カラーポリ袋に唐草模様を描いて付ける

- **金色の色紙**
  小を子どもの人数＋α

色画用紙や色紙の大きさ

大：12cm×21cmくらい：ティッシュペーパーの箱の底のサイズくらい
中：大の半分くらい
小：5cm×10cmくらい

- **毛糸**
  色、白、エメラルドグリーン、ピンク、橙、こげ茶、黒、赤、紫、ミックス　など
- **カラーポリ袋（緑、黄緑）**
  45cm×60cmのカラーポリ袋を裂いて4等分しておく。
  子ども人数分を用意する。唐草模様の布になる
- **黒の油性マーカー**
  唐草模様を描く
- **木工用接着剤**
  空き容器などに入れ、2～3人に1個準備する
- **ハサミ**
- **両面テープ**
  カラーポリ袋で作った唐草模様の布を獅子頭にはる
- **お手ふき**
- **のり台**
- **シート（必要なら）**

獅子頭を作る

はは、きんいろがかっこいいよ

長い歯の獅子です。
金色で作ったらいいよ、と教えています。

みみとかみがないの

できた。でも何か足りないね。

ポイント

獅子舞ミニ知識

起源はインド。16世紀ころ伊勢の国（三重県）で飢饉、疫病を追い払うために獅子頭を作り、正月に獅子舞を舞わせたのが日本での始まりのひとつだといわれています。

保育者の援助

切りたいのに丸が切れない

「目玉を大きい丸」にしたいけれど、うまく丸が切れない。その子の切り方を見て必要なら小さい紙から角を落として丸く切る方法で切ってみましょう。思っていた丸ではないけれど自分でできたことが次につながります。その子が必要とする技術を伝えましょう。

毛糸で髪の毛を付けています。
木工用接着剤と毛糸はやりにくい！

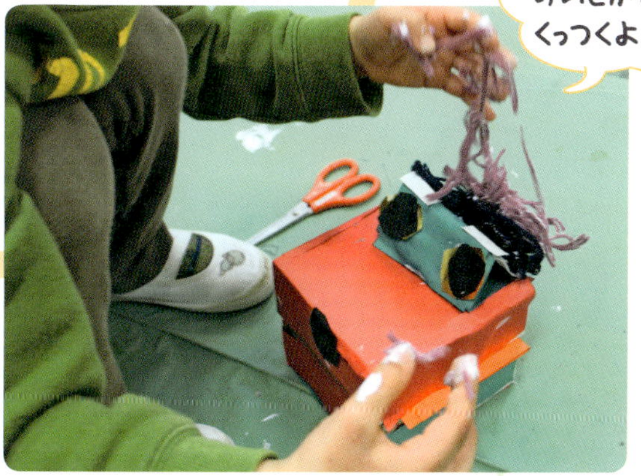
けいとがいっぱいくっつくよ

獅子頭を作る

きいろいけがきれいでしょ

かっこいい獅子ができたので満足しています。

ぱくぱく。あたまをかむよ

さっそく獅子舞のつもりです。

獅子頭ができたよ

とてもユニークなおともだち

左の獅子頭はティッシュペーパーの箱が見えていますが、それが生きていますね。

保育者の援助

色画用紙は元の箱が見えないようにはったほうがよい？

今回の活動では獅子頭を自分が選んだ色にするために色画用紙をはります。隙間なくはったほうが目的を達成できますが、きっちりはることだけを目ざすと次に進めなくなってしまう場合があります。子どもが目的を理解していれば、木工用接着剤でしっかりはることを確認して次に進めましょう。箱の色が意外なアクセントになる場合もありますよ。

キラキラのはだよ

歯が印象的でちょっとかわいい獅子。

いたずらずきなこはいないかな？

目が鋭い獅子２つ。

保育者の援助

製作に必要な活動時間はどれくらいでしょうか？

実際の活動では導入から獅子頭の製作に約1時間、唐草模様の布部分を作って完成するのに約1時間かかりました。集中的な活動時間を2日設定しています。子どもによってかかる時間や工夫が異なるので、設定時間だけにこだわらず作れる場があるといいですね。

布を付けて獅子舞で遊ぶ

渦巻き模様の布の部分を両面テープで付けました。

獅子舞集合。唐草模様の渦巻きは、ちょっと難しかったようです。中心から描く、外側から描く、ぐるぐるが止まらない渦巻きなどいろいろですが、どれもかっこいいでしょう。

かむぞー
うおー!

ほえています。

おしょうがつ
でーす
おめでとう!

獅子舞でございます。

おく先生の ミニ講義 ●子どもの創造性を保障する

★キット製作にならないように

獅子舞は土台がティッシュペーパーの箱で、クラスの子ども全員が同じものから作る活動です。ともすればキット製作のように全員がほぼ同じ作品、という結果を招く可能性があります。この活動で完成した獅子舞の大きさは同じ、色は獅子舞の色にほぼ沿っているので、類似の要素が多くありますが、顔のパーツの色の選択や作り方が子どもの個性を十分に伝えているように感じます。その子の「ここがすごかった!」が伝わることが大切です。

★準備物の秘密

ティッシュペーパーの箱にはる画用紙の一部は箱に合わせたサイズの紙を準備しました。後は子どもが顔のパーツに使うであろう色を何種類か小さめのサイズの紙を準備し、自分で選択できるように、共同で使用する環境をつくったことで、個性的な表現やその子の製作速度を尊重できるのです。予想外で驚くような選択肢や工夫も見られますが、それが創造的で楽しいのです。

たけのこになったよ

「タケノコになる」？　カラーポリ袋やセロハンなどを準備すると、美しい模様の皮に包まれた、かわいいタケノコが次々と生まれます。異年齢クラスで展開した活動ですが、つもりの遊びが得意な、3歳児を中心に紹介します。

活動のねらい

- 身体感覚を働かせて、タケノコになって遊ぶ。
- 多様な素材で身体を包んだり飾ったりすることを楽しむ。

準備するもの

- カラーポリ袋（茶色）
  65cm×80cm。1人1枚。右図のように作っておく
- 包装紙
- カラーセロハン
- プチプチシート
- ウレタンシート
- フェルト
- 銀紙
- 色画用紙
  包装紙などはすべていろいろな大きさに切っておく

★活動のはじまり

3歳児 4歳児 5歳児の異年齢

園にたくさんのタケノコがやって来ました。大きいタケノコと背比べをしたり、タケノコのにおいをかいだり。タケノコの皮をむくと、中から白いタケノコが出てきて、いっぱいお洋服を着ていることを発見。絵本を通じてタケノコは竹の子どもで、1日に自分たちの背より大きく伸びることも知りました。タケノコってすごい！　伸びゆく動作をさっそくしている子どもたちが出現しました。

作り始める

素材を真ん中にして、場所を決めた子どもから、カラーポリ袋をもらい、作り始めています。

導入

①タケノコに見立てるためのもの（カラーポリ袋）との出会い

- 保育者がカラーポリ袋をまとってみて、「なんでしょう?」と問いかけます。
- 子どもたちの見立てを引き出し、タケノコの皮の重なりなどについて応答します。
- 皮を脱いでパーティションに留め、きれいなタケノコのお洋服を作ろうと提案します。

②素材・用具の紹介をする

- 多様な素材を子どもと応答しながら紹介します。
- かごに入っている素材を選択してはること、セロハンテープの使い方（P.65「ポイント」参照）について話します。

自分の好きな場所で作り始めることを伝え、活動がスタートします。

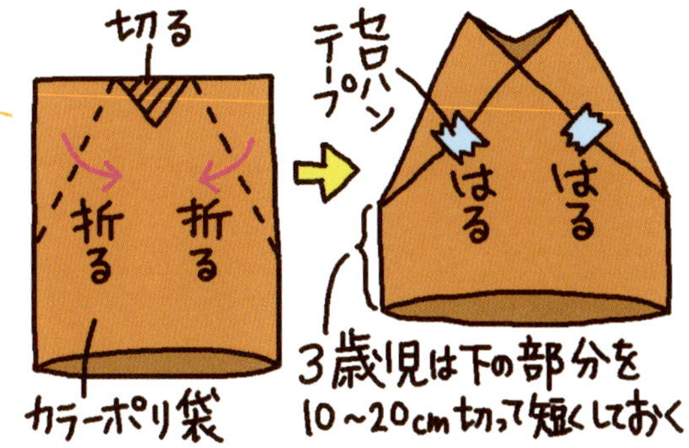
切る
折る
折る
カラーポリ袋
セロハンテープ
はる
はる
3歳児は下の部分を
10～20cm切って短くしておく

● セロハンテープ
各グループに1台

● ハサミ
必要な場合に渡す

● かご（A4サイズ大）
4個1組にして素材の種類を考えて入れ、グループに1組置く

ポイント

セロハンテープの使い方（3歳児）

・切る

切るときはテープをつまんで、カッター台から3～4cm引っ張り、次にテープを少しねじるようにして下へ強く引くと切れやすくなります。手に絡んだりしてなかなかうまく切れない場合もありますが、根気よく何度かトライしましょう。

・はる

はる素材に切ったセロハンテープすべてをはってしまうことがあります。はり付けたいものとはりたい場所の両方に粘着部分がかかるように伝えましょう。

おそらが
みえる！

青いセロハンを選びました。（3歳児）

きれいなもようの
かみみつけた
まいたら
ぼうみたいに
なった

重ねたり、巻いたりしています。おしゃれなタケノコになりそうですね。（5歳児）

保育者の援助

ハサミの使用について

4・5歳児は竹の皮の形や模様の形を自分でイメージした形に切ってはることが望ましい活動ですが、3歳児をメインにして構想した活動であること、作る過程で着たり動いたりする活動ですので、基本は素材を選択し、はり方を工夫することになります。ただし、4・5歳児からの要求があればハサミを使えるように保育者が管理するとよいでしょう。

作り始める

ピーって
ひっぱると
いいよ

セロハンテープの順番を待っています。ちゃんと切れるかな、心配そうです。（3・4歳児）

さんかくのもようが
いっぱいになった

セロハンテープでいっぱいはりました。（3歳児）

タケノコになったよ

タケノコが
おさんぽします

生まれたタケノコがお友達と元気に動きだしています。（3・4歳児）

かわいいでしょ

しっかり竹の皮に包まれています。（3歳児）

たけのこの
あかちゃん

タケノコが生まれかけています。（3歳児） A

タケノコになったよ

おそらにむかって
ず〜ん！

伸びていきます。（4歳児）

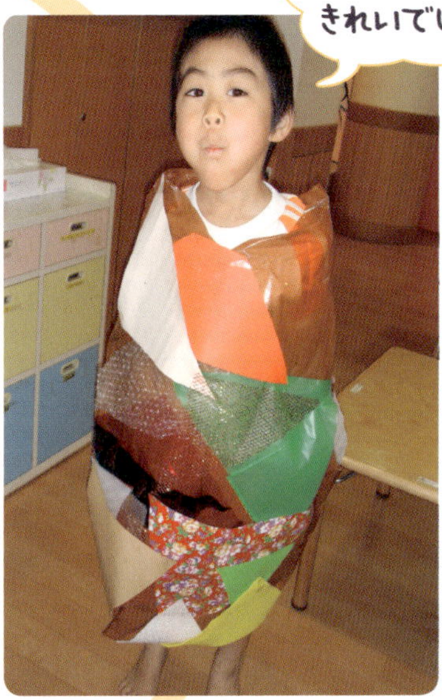
タケノコのかわ
きれいでしょ

きれいにはり重ねた竹の皮、さすが年長さん。（5歳児）

うまれたよ〜

A のタケノコがダイナミックに開いたところです。（3歳児）

おく先生の ミニ講義 ●身体と造形による表現

子どもは感じ、考えたことを音や色や形や動きで表現します。皮を次々とめくる経験からタケノコの皮への興味・関心に加え、図鑑などから今日は自分の背より大きくなり、明日はおうちの屋根より高くなることを知って驚きました。ぐんぐん伸びる表現はまず身体の動きで表し、タケノコの皮をカラフルに飾ったら直ちにそれをまとい、タケノコのお洋服から上へ伸びようとする動きを表現していました。タケノコの皮が何枚もあることに興味を持った子どもは素材を重ねて竹の皮に包まれる喜びを味わいます。タケノコを描く・作るとは違うタケノコになる活動は、子どもたちに新たな感性の覚醒と表現の統合をもたらす活動であり、子どもの感じ方、表し方に沿ったひとつの表現活動の方向だといえるのではないでしょうか。

くぎ打ちトントン

すてきな形を作ろう

金づちのように大人が使う道具は子どもたちの憧れです。経験を重ねてくぎ打ちが上達したら、動物や乗り物など、自分がイメージした形に打つことに挑戦してみましょう。くぎに鮮やかな色の糸を掛けるとすてきです。

活動のねらい

- くぎを打って作る形をイメージする。
- くぎを打ったり、糸を掛けたりして形作ることを楽しむ。

★活動のはじまり

5歳児

異年齢クラスの年長児の活動として木とくぎを使うことを計画し、年度の早い時期から既製のくぎ打ちセットでの遊びを経験してきました。夏のある日保育者が大工さんになって、本物の木とくぎと金づちを使ってみようと提案します。「板にくぎを本物の金づちでランダムに打ち、後でカラーの輪ゴムを掛ける遊び」や、「厚い板にえんぴつで星やハートの記号を描き、くぎを深く打ち込む遊び」、「木片を構成してウサギやキリンなどを作る活動」などさまざまな経験を経て、自分がイメージした形にくぎを打ち、毛糸を掛けて色彩豊かな作品を作ろうということになりました。

導入

①板にくぎを打って、自分がイメージした形にすることを提案する

・どんな形にしたいか応答しながら聞いていきます。

②活動のすべての流れを伝える

・決まったらえんぴつで板に大きく線描きで下絵を描き、くぎを打つ場所に点を描きます。その上にくぎを打つこと、後で糸を掛けることを伝えます。細かい絵にはくぎが打てないことにも気づくようにしましょう。

・くぎ打ちをしたものに毛糸を掛けるようすをして見せます。

作りたいものが決まった子どもから、板とえんぴつをもらって活動を始めます。

※ 下絵を描くところで1回、くぎを打ち糸を掛けて完成するのに2〜3回活動が必要です。

準備するもの

- **木材の板**
  厚さ約10mm、約250mm×250mm
- **くぎ**
  長さ25mmのもの。約500g
- **金づち**
  1人1本
- **えんぴつ(2B)**
  1人1本
- **粘土板**
  作業の下敷き用

くぎを打つ

えんぴつで下絵を描き、くぎを打つ箇所に点を描き込みました。ウサギさんです。

- **タオル**
  音や傷が気になる環境の場合、粘土板の上下に敷くなどの工夫が必要
- **新聞紙**
- **毛糸**
  14色（子どもがイメージしたテーマに必要な色を中心に準備する。色ごとに段ボール板などに巻いておくと便利）
- **机**
- **イス**

環境構成

くぎ打ちの環境は安全に

危険を伴う道具を使う場合は、簡単なルールを作り、落ち着いて活動できるように留意します。

- 金づちを置く場所、くぎを入れる場所、打ち損じて使えなくなったくぎを入れる場所を作りましょう。
- 活動が継続しますので、活動できる時間を子どもたちに知らせ、作品を管理する場所を確保しておくと安心です。

ライオンさんの
たてがみのところ
にトントン

くぎを打ち始めます。左手でくぎを持って、金づちでトントントンとくぎを打ち込みます。指を打たないように慎重に、しっかり手元を見ています。ライオンです。

くぎがちゃんと
うてるよ

少し打って、くぎが倒れなくなったので、左手を離して金づちで打ち始めました。バスを描きました。

保育者の援助

くぎ打ちの基本をしっかり伝えましょう

安心、安全を考えることは大事ですが、道具などの使用に臆病になりすぎては経験する機会を逸することになって残念です。基本をしっかりと伝えて活動を楽しみましょう。

- 子どもの場合は片手でくぎを支え、もう一方の手で金づちを持って打つことが難しいのです。本来は柄の後ろの端を軽く握って持ちますが、子どもの場合指を打つ可能性があることから、柄の半分ぐらいのところを持って軽くトントントンと打ち、手を放してもくぎが倒れなかったらそのまま金づちで打ち込みます。ただし、この活動の場合のくぎは板の厚さの2倍の長さがあり、全部打ち込むことはしません。くぎがぐらぐらしないところまで打ち込みましょう。
- くぎ打ちの技術の上達は個人差がありますし、経験が必要です。進まない子どもがいる場合は、個人的に活動時間を取るなどの支援をしましょう。結果が見える活動ですので、自信が持てればだいじょうぶです。

くぎを打つ

せんせい
なにしてるの?

隣の机が気になるのでしょうか。しっかり前を向いてね。電車、バスなど。

ライオンさんの
おかおできた

くぎが並んで、形が少しずつ見えてきました。雪だるま、ライオン。

毛糸を掛ける

おふくのボタンも
つくったよ

雪だるまの形が見えてきましたね。くぎが足りないところは、足していきます。

かわいいいろの
おくちでしょ

段ボール板に巻いた毛糸を掛けます。初めにくぎに結び付けて、1本ごとにくぎに1回巻いて次へ進めます。その色が終わると最後のくぎに結びます。毛糸の色を変えるたびにこれを繰り返します。

おく先生の

ミニ講義　●素材や道具を選びましょう

★木の板

木の板はある程度の厚みがないとくぎが立ちません。1㎝前後あることが望ましいですね。また、硬い材質の板はくぎが打ち込みにくく、正目の板はくぎを打つと割れやすいので、保育者が試してみてこの時期の子どもに合うものを選ぶことが大切です。市販のMDFボード（中密度繊維板）やファルカタ集成材など軽い合板もおすすめです。

★くぎ

先が丸く平らな丸くぎで十分です。長さは板の厚さとの関係があり、打ち込むときは板の厚さの2.5～3.5倍程度とされていますが、この活動では2倍程度が適当です。

★金づち

金づちの種類は多く、くぎを打つものはげんのうと呼ばれ、左右が同じ太さの両口げんのうと片方の先が細くなった片口げんのうがあります。この活動では両口げんのうを使用していますが、大人が使うげんのうで225ｇと275ｇの重さを使いました。軽いものもありますが本格的なものを使い、慎重に扱うことをおすすめします。

完成

ライオン。網のように掛けたたてがみとひげが繊細です。口の赤がアクセントになっています。

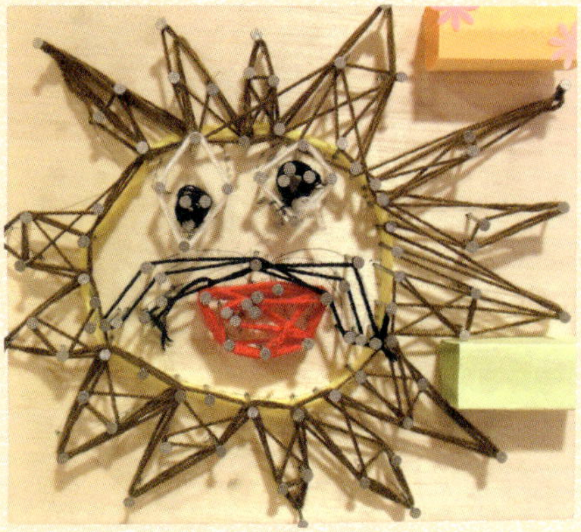

作品の展示です。バス、ライオン、電車、雪だるま、リボン、チョウチョ。

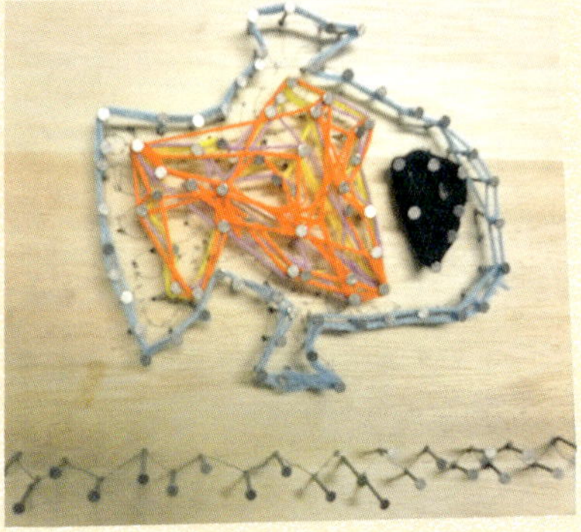

かわいい魚です。ウロコの模様がすてきです。下のほうには波がありますね。

ロボット。赤い靴が印象的です。長い足がかっこいい！

チーターの茶色い模様が難しかったのです。獲物を狙っているのかな？

雪だるま。顔のパーツがたいへん細かい表現になっています。胴体の白い毛糸も工夫して掛けました。

色合いが美しいバスですね。真っ黒のタイヤが効いています。

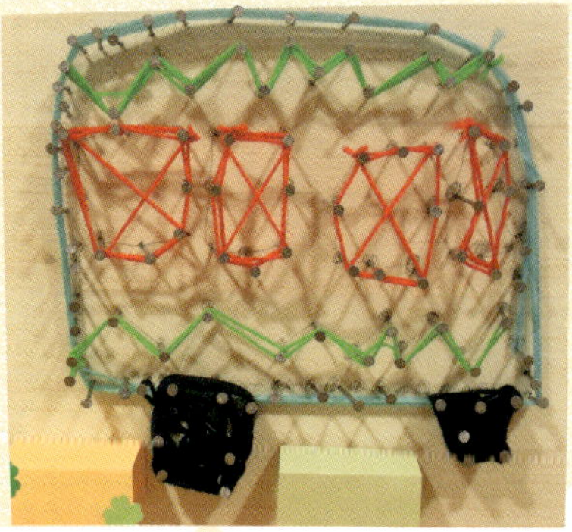

3歳児 4歳児 5歳児 異年齢

作ったり試したりして遊ぶ

雑材を使って

ペットボトルや牛乳パックなどの身近な素材に、トイレットペーパーの芯を1個付けるだけで、簡単な遊びの仕組みが作れます。ひもを張った試しの場があれば、夢中になる遊びが始まります。

活動のねらい

- 簡単なしくみを知って作ったり試したりして遊ぶ。

準備するもの

- **ペットボトル** 500mlのもの(ふた付き)
- **牛乳パック** 1000mlのもの
- **ティッシュペーパーの箱**

（以上の3つを a とする）

a からひとりどれか1個を選択する

- **トイレットペーパー芯** ひとり1個

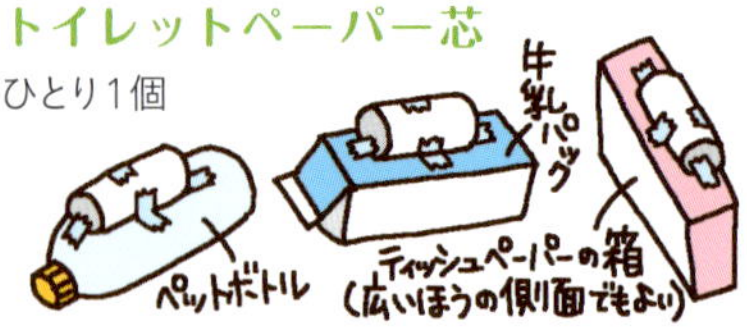

★活動のはじまり

4歳児

コーナー遊びで雑材を使っての遊びが好きな子どもたちです。4歳児の遊びは素材をくっつけたりつないだりして素材を楽しんだり、車や家などを作ったりします。もっと何か作りたいという子どもの気持ちをくむとともに、遊びの展開をねらって、「簡単なしくみ」と「試す場」を準備しました。これで遊びたい、と子どもたちの目が輝きました。

作る

しっかりくっつけよう

それぞれが選んだペットボトルや牛乳パックにトイレットペーパー芯を付けています。

導入

①素材と簡単なしくみを紹介する

(準備するものの図参照)

・ペットボトル、ティッシュペーパーの箱、牛乳パックを紹介し、どれか1つを選ぶように伝えます。

・トイレットペーパーの芯を1個取り、ペットボトルの側面にセロハンテープでしっかりはり付けて簡単なしくみを作って見せます。ティッシュペーパーの箱の側面にも同じようにして見せ、牛乳パックを選んだ場合も同じようにすることを伝えます。

②子どもたちのイメージを引き出す

・①に b の素材を付けることを提案し、色画用紙を切ったものを合わせたり、ボトルキャップを載せてみたりして、子どもたちが作りたいもののイメージを引き出します。

③試す場を知らせ、試してみる

・保育者が試す場で動かしてみせます。

・子どもたちに、a から1個、トイレットペーパーの芯を1個取って、セロハンテープのある場所へ行って仕組みを作り始めるように伝えます。

・しくみができたら、b の素材を選ぶように話しておきます。

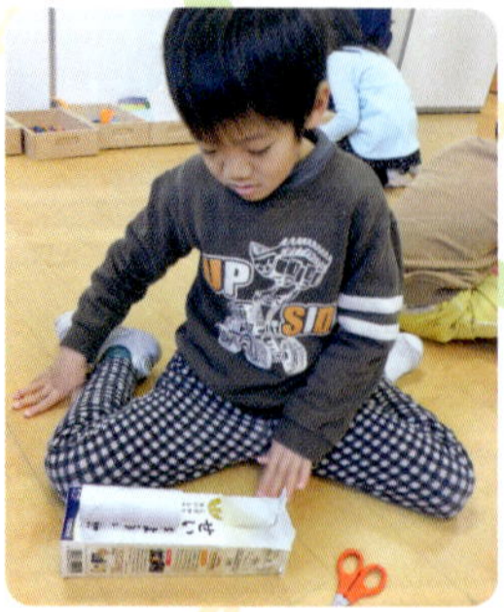

牛乳パックの上部を切り取り、長方形に整えました。

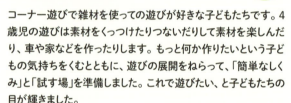

- **曲がるストロー**
  いろいろな色を半分に切っておく
- **ボトルキャップ**
- **画用紙**
- **色画用紙の端紙**
  b は、a に付ける素材
  （曲がるストロー〜色画用紙の端紙：b）
- **箱**
  8個。素材を入れる
- **ハサミ**
- **セロハンテープ**
  3〜4人に1台
  カッター台にセットしておく
- **荷造り用ビニールひも**
  3色（3〜4m）
- **ひもを結び付ける場所**
- **イス**
  踏み台として使用

環境構成

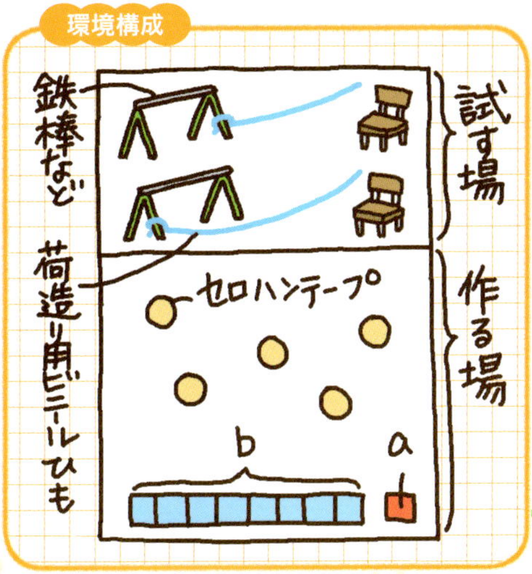

鉄棒など
荷造り用ビニールひも
試す場
作る場
セロハンテープ
b
a

はこのよこの
ところにはるの

ティッシュペーパーの箱を選んだ2人です。

これが
いいかなぁ

付ける素材を選択しています。

できた!
とぶかな?

黄色い羽根を付けて、すぐに飛ばしたいと気持ちがはやります。

チョウチョ
みたいになった

ボトルキャップを付け始めます。

保育者の援助

素材が足りない場合の補充について

トイレットペーパー芯など1人1個の準備物の場合、余分はあっても数に限りがあります。補充もよい援助ですが、補充なしでいっしょに考えるなどすると、しくみの意味を理解して、他の素材で代用するなど応用することを考える子どもも出現します。幅のある対応を考えたいですね。

作る

4こめ。
りょうめんテープ
みたいにしてはるの

ボトルキャップの側面に、セロハンテープを両面テープのようにしてくっつけています。飛ばすと外れるのですが、助言は試してからにしましょう。

保育者の援助

セロハンテープでしっかりとはるには

4歳児はセロハンテープでの接合はかなり経験しています。この事例ではしっかり付けることが必要条件ですので、1つのものをはり付ける場合に何か所かをテープではるように知らせます。両面テープのようにして使う子どもがいますが、取れやすいのでふつうにしっかりはって押さえるように伝えましょう。

試す

もっとはやく
とんでー!

初めての試しです。ひもをぴんと張って、高いほうがスピードが出ることに気づきます。

2度目、3度目になると、重い飛行機やロケットが飛びます。しぜんに後ろに順番を待つ列ができ始めました。お友達の飛ばし方をよく見ています。

しゅっぱーつ!

修理中

しゅうりしたら
またとぶよ

「作る・試す」活動の特徴は、壊れた個所を修理して、また試しに行く姿がしぜんに出てくることです。

2個目を作る

ふたつくっつけて
とばしたい

牛乳パック2個を重ね始めました。2階建てでしょうか?

工夫いろいろ

モノレールができたよ。

電車です。赤い四角は飾りです。長い時間かかって作り、試しはみんなが活動を終えるころに1回。でき上がりに満足していました。

3階建ての飛行機ができました。ちょっと重い。

ここ、ひもを
いれるところ

トイレットペーパー芯の代わりにストローで通す仕組みを考えました。

みて!
すごいでしょ

ペットボトルと牛乳パックを合体しました。

おく先生のミニ講義

●「作る・試す」はおもしろい

★「作ったもので遊ぶ」活動ではありません

この事例は完成したものを、試す場で試運転し、壊れれば修理する、パーツを取り替えたいときは作る場で変更する、中に人やものを乗せるなど、「作る・試す」を循環してよい空間での遊びなのです。作ったもので遊ぶ、というのは子どもが好きな活動ですが、みんなが完成するまで待ってから遊ぶ、また、今日作って明日遊ぼうなどのような、作る活動と遊ぶ活動が分かれたものではないことが重要なのです。

★多様な遊び方と遊びのペースが保障されます

作ることが中心で自分が納得するまで壊れないものを作ろうとする、すぐに試して修理を繰り返して進化させる、2台作って最後には合体させる。3か所ある試す場で同時にスタートして速さを競い、飛ばすコツやパーツの工夫へつなげるなど、個々の子どもの遊びのペースと工夫が保障されます。

お迎えの時間に子どもたちはお父さんやお母さんに作り方と遊び方を解説していました。保護者も楽しんで何度も試していたのが印象的でした。

2章 つくる⑧ 3歳児 4歳児 5歳児 異年齢

どんなお花ができるかな

モールでねじねじ

カラフルで自在に曲げたり、切ったりできる線材、モールとの出会いです。この活動ではモールをさまざまに変化させることが主になります。モールをねじねじして、どんなお花ができるのでしょうか。

活動のねらい

- モールの形を変化させて花を作ることを楽しむ。

★活動のはじまり

3歳児 4歳児 の異年齢

らっこ組のお部屋では「アオムシ」を飼っていて、きれいな模様のツマグロヒョウモンというチョウチョにふ化したのです。子どもたちが大好きな歌『みつばちぶんぶん』（作詞／小林純一　作曲／細谷一郎）には“はなばたけ”という歌詞が出てきて、ツマグロヒョウモンを野に放すときも「花畑のところがいい！」、チョウチョやハチを見つけると「花の蜜を吸いに行くのかな」という言葉が聞かれます。チョウチョやハチが喜ぶ花畑を作ることになりました。

導入

①お花畑を作ることをイメージする

チョウチョのペープサートが登場し、お花畑に花がないので花を作ってほしいと言う。

②花に変化する素材と出会う

・鉢底ネットとモールを見せて、花に見立てられるように応答します。

・モールの扱い方を確認します。「鉢底ネットの穴に通す」「ねじって留める」「短くしたいときはモールをハサミで切る」

③素材を配る

各机にモールとハサミ、各自に鉢底ネットを配って活動がスタートします。

チョウチョのペープサートが登場。草むらに見立てた壁面にお花を作ってほしいと言っています。

準備するもの

●カラーモール

6㎜×24㎝のものを中心とする

ピンク・黄色・黄緑・水色・緑・銀・赤・紫

●モールを入れる容器

1個に各色取り混ぜて20本程度入れておく

通す・切る・ねじる

モールとハサミが配られました。鉢底ネットを待っています。

鉢底ネットにモールを通してねじっています。まだ、ねじることに必死です。（3歳児）

- **鉢底ネット**
  5cm×5cm程度
- **ハサミ**
  各机に3個程度
- **チョウチョのペープサート**
- **机**
- **イス**

ポイント

モールの選択いついて

・モールの太さは3種類ぐらいあります。3mm、6mm、9mm。6mmのものは2分、9mmのものは3分といいます。今回は中ぐらいの太さを使っていますので、柔らかさが出ました。

・選択した色を平均的に分けましたが、同系色の濃淡でまとめてみると、違った色合いの花が何種類かできるのではないでしょうか。

まあるいはなびら
みたいにする

1本通しました。長いままですがねじっています。（4歳児）

つのみたいのが
いっぱいできた

短く切ってねじります。真剣なまなざしですね。（3歳児）

つぎはどこへ
いれようかな

ぐるぐる巻きにしています。（3歳児）

きれいでしょ

大きな花びらです。ツマグロヒョウモンが喜びそうです。（3歳児）

通す・切る・ねじる

おひげみたい

鉢底ネットの周囲に並べるようにモールを留めています。どんな花になるのでしょうか。（4歳児）

すこしかたい

ハサミで慎重に切ります。（3歳児）

保育者の援助

ひも通しのようになってしまったら

鉢底ネットに通したら、必ずモールをねじって留めることを確認します。モールの輪つなぎを連続して作るなど、鉢底ネットに結び付けていない場合も花の中心に付けることに気づかせましょう。

お花になった

うーん、
いいにおい

最後まで短いモールをねじりました。
（3歳児）

はなびら
できたよ

丸い花びらが均等に
付いています。

チョウチョさん
みつをどーぞ

すっかりツマグロヒョウモンになり切っています。思いが共有できると楽しいですね。（3歳児）

お花になった

すごいでしょ。
おおきいおはな
ができたよ

ふさふさのお花です。モールをこれだけ通してねじるのはすごい集中力です。

平面に置くとこんな感じです。（4歳児）

こんな立体的な花もありました。

お花畑です。
魅力的なお花にツマグロヒョウモンが飛んで来てくれました。

おく先生の ミニ講義 ●ペープサートと掲示板の効果

自在に曲がるモールだけで変化を試したり、形や色を工夫したりして花を作る活動が楽しめます。そこに、クラスでツマグロヒョウモンを飼育していた保育の流れがあることから、チョウチョのペープサートは子どもたちを身近な世界への入口へ誘い、活動の動機づけがさらに充実することになりました。

さらに、花が咲いていない草むらを思わせる場所（掲示板）があることで、花を咲かせるイメージを具体的に持つことができるのです。実際にどこに花を咲かせたらツマグロヒョウモンが喜ぶかを子どもたちと考えても活動が広がると思います。

（この活動ではできたお花が重すぎて、準備した掲示板に飾れなかったので、机の上に花を置いてツマグロヒョウモンの来訪を喜びました）

3歳児 4歳児 5歳児 異年齢

牛乳パックを使って

つなぐ・並べる・構成する

牛乳パックはブロックのようにユニットとして使える魅力的な素材です。輪切りにすると箱とは異なる並べ方、積み方、構成ができる素材になります。そこへ洗濯バサミとツーダウンクリップをプラスすると、どんな遊びが展開するでしょうか。

活動のねらい

- つないだり、組み立てたりすることを楽しむ。

準備するもの

- 牛乳パックを輪切りにしたもの

5cm幅と2cm幅のもの
牛乳パック70本程度を輪切りにする
2cm幅のものを多く準備

★活動のはじまり

3歳児 4歳児 5歳児の異年齢

新しい年度が始まり、1〜2か月経過すると、異年齢クラスの子どもたちは新しい環境に慣れてきて、それぞれがしたい遊びを見つけて遊ぶ姿が見られてきます。好きな遊びの素材として準備している牛乳パックの輪切りに、接合材として洗濯バサミとツーダウンクリップをプラスして個々の遊びが広がるように、そして3・4・5歳児の遊びの交流が生まれ、日常の遊びの充実につながっていくことを願ってみんなで遊ぶ機会をつくりました。

導入

①素材と接合材について

大量の牛乳パックの輪切りと洗濯バサミ＆ツーダウンクリップを見せ、興味を喚起します。2つのものでどのようなことができるかを子どもに問いかけ、多様な答えを引き出しましょう。

②本時の遊び方について

牛乳パックを洗濯バサミ＆ツーダウンクリップで挟むとつながることを改めて伝えます。素材の置き場所を確認したのち、活動を開始します。

遊び始める

牛乳パックと洗濯バサミ＆ツーダウンクリップと出会います。まずはなじみのある洗濯ばさみで。次にツーダウンクリップで。（4歳児）

ポイント

接合材とは

接着、接合という使い方をします。接着はのりや木工用接着剤などはり合わせたものが密着してはがせない場合、接合はホッチキスやセロハンテープなどのように接合材を外すと分離できる場合をいいます。洗濯バサミ、ツーダウンクリップは後者ですので、接合材にあたります。

● 洗濯バサミ&ツーダウンクリップ

合計1000個程度

● かご

5個（牛乳パック用）

5個（洗濯バサミ&ツーダウンクリップ用）

環境構成

素材の量と配置の目安

・子どもの人数と素材の量が遊びの質を変えます。ここに挙げた量は、30人程度の人数に対する素材の量の目安です。

・牛乳パックの輪切りのかごと洗濯バサミ&ツーダウンクリップのかごを2個1組にして、5か所に配置します。

環境構成

素材の種類の選択

・4・5歳児の年齢別クラスの活動なら、ツーダウンクリップのみでも可。3〜5歳児の異年齢クラスの活動なら洗濯バサミの準備も効果的。発達や遊びの経験に応じて素材を調整するとよいでしょう。

・洗濯バサミの色は単色より多色のほうが良いでしょう。できれば、4〜5色以上、1色ずつ多数準備すると、色を意識した表現を引き出せるでしょう。

洗濯バサミで

はさんだよ
つながった

牛乳パックの輪切りを2個挟むことからスタートしました。（4歳児）

きれいな
いろでしょ

カラフルな洗濯バサミを挟み続けます。（4歳児）

洗濯バサミで牛乳パックを留めて、お花の形ができました。（5歳児）

キリンさん
できたよ

牛乳パックを輪にしてつないで平面に組み立てました。（4歳児）

ツーダウンクリップで

ながく
なってきた

折り畳んだものを平面につなぎ始めます。（5歳児）

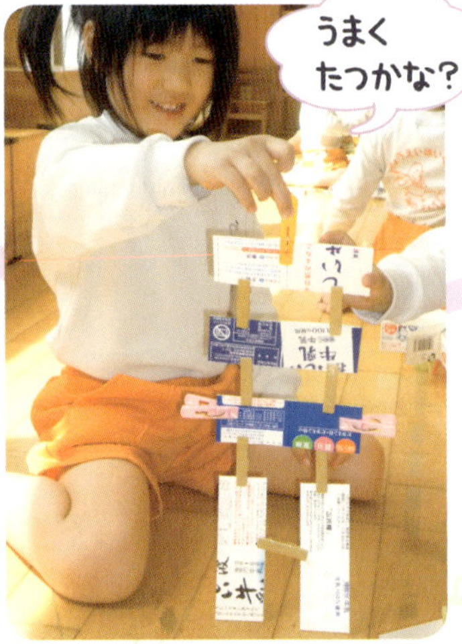
うまく
たつかな？

平面的に構成したものを立たせます。（5歳児）

立体をつないで構成します。（5歳児）

せんろみたいに
つなごう！

しぜんに協同しています。
線路のようにつながりました。（5歳児）

保育者の援助

遊びの見方をしっかり理解して援助につなげましょう

発達的な条件を考慮して受け入れ、遊びの楽しさを十分に味わえるように援助しましょう。楽しかったという思いが次の活動につながります。

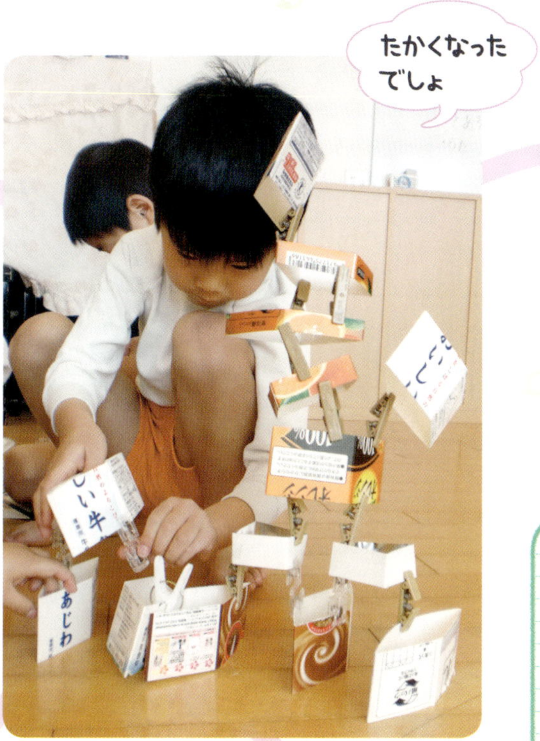

絶妙なバランスのオブジェです。（4歳児）

1枚に1個の洗濯バサミが。3歳児さんの遊びです。つないでいませんが、まずは受け止め、機を見ていっしょにつないでみましょう。

ポイント

子どもの遊びの見方

・子どもの行為をとらえましょう

洗濯バサミを挟む、洗濯バサミでつなぐ、ツーダウンクリップでつなぐ、牛乳パックの輪切りを折り畳んでつなぐ・構成する、平面的に表す、立体的に表す、牛乳パックの輪切りを立体として使う・構成する、見立てる、協同して作る、など遊びをとらえましょう。

・発達的な視点でとらえましょう

異年齢の遊びです。上記の観点から3・4・5歳児の遊び方の違いや、子どもの個性による遊びの違いを読み取りましょう。0歳児からの発達的な流れを理解しておくと、より見方が深まります。0〜2歳児の牛乳パックの遊びについては『0・1・2歳児の造形あそび』（ひかりのくに・刊）に掲載していますので参照してください。

おく先生のミニ講義　●試す遊びは思考力の育成につながります

★変化する素材が工夫を生む

牛乳パックの輪切りは四角柱やひし形のような立体から、折り畳むと長方形の平面に変化します。この活動はクリップで挟むという単純な行為だけで成り立つものですが、素材の形状が変化することでさまざまな試行ができるのです。平面を長くつないで空間を作ったり、立体的に積み上げて高い構造物を作る試みがなされたりしています。

★自分の目標を持つことで思考力が高まる

長さへの挑戦は根気と時間と人力が必要、でも高さへの挑戦は同じようにいきません。バランスを取り、立体を固定していきます。活動初期には「つなぐ」ことが目標でしたが、活動のプロセスで「長くつなぐ」や「高く積み上げるためにつなぐ」などの自分の目標が生まれ、目標達成に向かって考えるのです。単純に見える活動ですが、大きな能力の育ちが期待できる活動です。

紙を折る・つなぐ

どんな道があったかな

紙をつなぐ活動は、単純ですが基本的な紙操作を使った造形活動です。つなぐだけでも空間いっぱいに広がるダイナミックな活動ですが、「折る」操作を加えることで紙が立体的になり、道の工夫が広がります。

準備するもの

- **画用紙の帯紙**
  3.5cm×23cmに切ったもの
- **かご**
  3個。画用紙の帯紙を分けて入れておく
- **のり**
- **手ふきタオル**
- **大型積み木**
  4個。白い紙で包んでおく

活動のねらい

- 紙を折る・つなぐなどの操作を楽しむ。

★活動のはじまり（4歳児）

紙をさまざまな形に切る、切った紙を構成してはる、折り紙をするなど、子どもたちは紙とかかわる遊びを日常の中で楽しんでいます。それぞれが個々の遊びであること、平面的な遊びが中心になっていることを考え、立体的な紙の操作を取り入れて遊ぶことができ、個々の遊びが協同的な遊びに展開する可能性を持った活動をしたいと考えました。日々、お散歩を通して地域を巡ることが多く、印象的な道、階段、坂などに出会っています。そこで、道をイメージして紙を「つなぐ」に、立体的になる要素「折る」を加えて活動が始まりました。

導入

①登園やお散歩時の道について応答する

階段、トンネル、坂道、曲がり道など、知っている道の状況を引き出します。

活動する部屋の外で導入します。

②紙操作を知らせる

・帯紙の操作を3つ伝えます。つなぐ、階段折り、トンネルなど（P.86「3・4・5歳児に伝えたい紙の基本操作」参照）。

・のりの使い方を確認します（P.199「のり」参照）。

・場へ移動して、好きな場所から始めるように伝えます。

場へ

どこでしようかな

場を探しています。

保育者の援助

スタート地点がわからない

「好きな場所」から始めるというのは自由なようで、紙操作の理解ができていない場合や、活動の開始がいつも遅い子どもがとまどう場合があります。本時の活動ではほとんどの子どもが積み木やハードルが置かれた場所からスタートしました。このようなランドマークになるものを置くことや、自分の家や公園などスタートする場を決めることで、とまどいを回避できるでしょう。

● ハードル

白い紙で巻いておく

● 太鼓橋

白い紙で巻いておく

環境構成

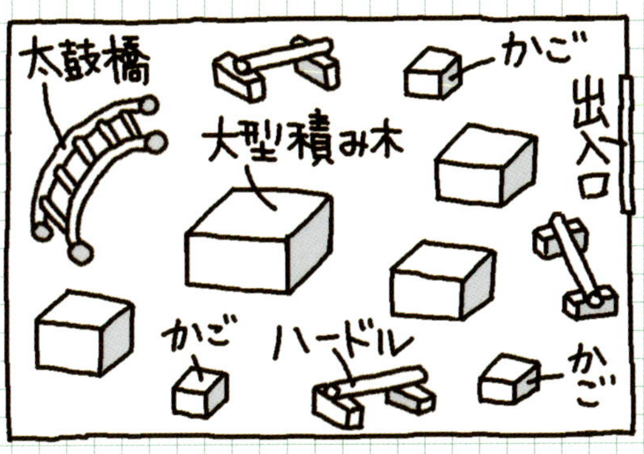
太鼓橋
大型積み木
かご
出入口
かご
ハードル
かご

つなぐ・折る

あいているところ
ないかな?

場を見つけた子どもから、活動を始めます。
のりと紙を持っているYちゃん、好きな場が見つかるといいですね。

ここにはるよ

ハードルにいっせいにはり出します。何本の道ができるのでしょうか。

ポイント

接着・接合材を選ぶ

- 紙の活動の場合では、のりや木工用接着剤などの接着剤を使うことをおすすめします。
- 接着・接合については、P.80『牛乳パックを使って』のポイントを参照してください。

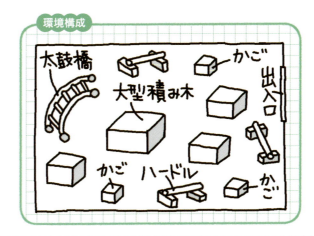

つなぐ・折る

ここから
スタート

積み木の場が机の代わりになっています。

かいだん
つくったよ

ここも机になっていましたが、下のほうに道が下りてきました。

ながいみち
でしょ

壁からスタートした2人です。

こっちからのぼって
こっちへおりる

ひとりの場です。折る、つなぐをていねいにしていますね。

おく先生の

ミニ講義 ●3・4・5歳児に伝えたい紙の基本操作

紙の遊びやペーパークラフトに取り組む際に右のような操作を経験しておくと、それらを組み合わせて工夫することができます。

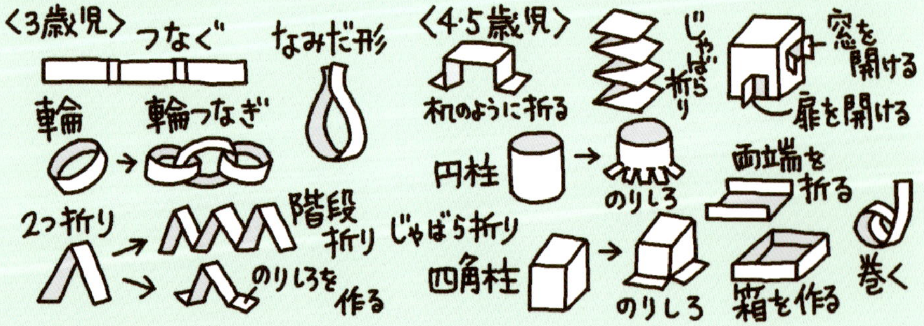
〈3歳児〉
つなぐ
なみだ形
輪
輪つなぎ
2つ折り
階段折り
のりしろを作る
〈4・5歳児〉
机のように折る
じゃばら折り
窓を開ける
扉を開ける
円柱
のりしろ
両端を折る
じゃばら折り
四角柱
のりしろ
箱を作る
巻く

広がる

さかみちと
かいだんが
あるの

知った紙操作を全部使い、つないでみました。ハードルの場です。

みちが
つながってるよ

ハードルの場と太鼓橋の場がつながってきました。

めいろみたい

道が交差しています。まっすぐつながず、網目状につないだところがたくさんあります。

太鼓橋の上を超えて、きれいなカーブの道がつながっています。この山の上をつないで渡るのは大変でした。

まるいトンネル
つくった

輪やほかの立体など、以前に経験した紙操作や、自分で工夫したものが増えてきます。

見る

つながった道を眺めます。自分がした場所がどこだったか、確認していました。

ポイント

操作が偏るとき

時間がたっても同じ操作を黙々と続けている子どもがいます。折り方がわからないからつないでいる、いろいろな折り方を開発中など、その子の行為を理解することが大切です。開発中は見守り、わからない場合はいっしょに方法を考えましょう。

3歳児 4歳児 5歳児 異年齢

木を並べる・積む・組む

大量の素材＝木の切れ端があったら、子どもたちはどのような遊びを始めるのでしょうか。積み木のように形が一定でなく生の木を削ったものは、不揃いな形や木材の生の表面が、既製の積み木とは違う遊びを生み出します。

活動のねらい

- 大量のもの＝木片にかかわって並べたり積んだりすることを楽しむ。

★活動のはじまり

3歳児 4歳児 5歳児 の異年齢

子どもたちは日々コーナーで何種類ものブロックで遊んだり、巨大な構築物を積み木で作ったりしています。どれも既製の遊具ですが、細かい組み立てや慎重な動作を要求される、集中力を要する興味ある遊具です。材木屋さんから段ボール箱に何杯もの木材の切れ端をいただき、子どもたちは興味津々だったのです。「ものとの出会い」から造形活動を展開するいい機会だと考え、大量の木片と出会う場をつくりました。出会いの後は、子どもの主体的な遊びの流れに任せます。

導入

①大量の木片との出会いを大切にする

・いくつかの木片を見せ、子どもたちの反応を受け止めます。

・ものとの出会いを活動のスタートにするため、何を作るかなどの応答は控えます。

②素材のある場を知らせる

・木片が入った段ボール箱の位置を知らせます。

・「これで遊ぼう」と誘い、遊び方を子どもに任せてスタートします。

準備するもの

● 大量の木片

段ボール箱3杯程度。木片の大きさや形を考えて入れ、グループに1組置く

安全確認をしておく

とげが刺さりそうなものはサンドペーパーでならしておく

積む

1、2、3、4
いっぱい
つんだ

同じ大きさの積み木では並べることから始めることが多いのですが、まず積み始めます。（5歳児）

いくつつめるかな

台になる木の上へ積みます。始まりは、ひとりの活動ですね。（5歳児）

ポイント

シンプルな素材の準備と工夫

・準備物は木片のみです。ポイントは準備する量です。初めての場合は、余ると思えるぐらいが適量です。

・2回目、3回目になるに従って、量や種類を変化させましょう。少なめにする、大きめの木片を加えるなど工夫するといいですね。

保育者の援助

積み木の種類による遊びの違い

積み方や組み方がポイントになるもの、色や形がイメージを引き出すものなど、積み木の色や形、大きさなどによって遊び方が違います。形や大きさが不揃いの木片は既製の積み木とは一味違った遊びの工夫が生まれます。素材の選択の仕方、使い方など、その子の遊び方を受容して見守り、必要に応じて援助したいものです。

並べる

木片を立てて並べました。
ドミノのように倒れてしまったようです。（3歳児）

これも並べる、でしょうか。この子なりの規則があるようです。（3歳児）

保育者の援助

ひとり遊びの子どもには

ひとり遊びができるとみんなの遊びに入ることも可能ですので、ひとり遊びをまず保障しましょう。いつまでも変化がない場合は保育者が誘うか、子どもから誘ってくれるように働きかけてはいかがでしょうか。みんなといっしょにいる子どもの中には、活動しないで群れているだけの場合もありますので、よく見て対応することが必要です。

並べたのでしょうか、積んだのでしょうか。
塊になってきました。（4歳児）

遊びの変化

たかくなってきた

板の上に積み、構築していきます。(4歳児)

そーっと
のせて!

２人で積み始めました。少しずつ、協同が始まります。(3歳児)

ここにつむよ

こちらは三人組です。場が広がってきましたね。(4歳児)

おく先生の ミニ講義 ●シンプルな造形あそびのとらえ方

★「ものとの出会い」から始まる遊びが初めての場合には

子どもの自然発生的な行為を大切にする、主体的な遊びです。ものと出会い、素材を確かめる、並べる、積むなどの行為が自然に生まれますが、初めて経験する場合はとまどう子どももいます。3歳児では木片を集めることに夢中になって取り合いになる、4・5歳児では自分の目標が定まらず遊びださない子どもがいるかもしれません。

★遊びのフローチャートを書く

素材を夢中で集める姿は、3歳児だけでなく珍しいものと出会ったときにも起こります。木片の種類に目を向けることや、大量に準備することで取り合いがある程度防げます。また、何度か遊びを経験することで、安心して遊ぶようになるでしょう。目標が定まらない場合は、素材の形や大きさに興味を向ける、他児の遊びに関心を持つようにかかわってみます。並べたり、積んだりしているうちに、高く積む、高速道路を作るなどの目標が見つかり、自主的に遊びだします。目標は活動のプロセスで見つかればいいのです。

遊びの流れ図をフローチャートと言います。ひとりひとりの遊びの流れ=展開を記録し可視化しておくと、自主的に遊びだしたときをとらえやすくなり、ドキュメンテーションの作成が次の活動の構想につながります。

形作る・構築する

ながーいみち

木片のサイズを選んで、並べています。（4歳児）

屋根のように板を乗せました。（4歳児）

おうちできた

だんだん
ひろくなるよ

平らに並べたら、面になりました。（5歳児）

はねが
かっこいいでしょ

飛行機ができました。シンメトリーに作るために、木片をうまく選んでいます。（5歳児）

きが
かたまったよ

これは構築したのでしょうか、壊れたのでしょうか？（4歳児）

微妙に積み上げた塊になりました。

3歳児 4歳児 **5歳児** 異年齢

紙をつくる
牛乳パックで紙漉き

牛乳パックで紙漉《かみす》きができる！　紙を作る経験にもなり、リサイクルにもなる、ということで紙漉きに挑戦してみましょう。たくさんの工程がある活動ですが、経験することがすべて新しい発見に満ちています。

活動のねらい

- オリジナルの紙を作ることを楽しむ。
- 紙漉きの工程を理解する。

★活動のはじまり

5歳児

敬老の日におじいちゃん、おばあちゃんにお手紙を出す、年賀状を書くなど、はがきを使う機会がありました。そのはがきを自分たちで作ることができることを知り、卒園までに作ってみたいと思いました。リサイクルでエコ活動にもつながるので、身近にある牛乳パックで紙漉きに挑戦することになったのです。

導入

①紙を作ることについて応答するとともに、紙の作り方を知らせる

牛乳パックから紙を作ること、「紙漉きの工程」を伝えます。

②①が終わったら、模様を付けることを知らせる

活動は牛乳パックのフィルムをはがすことから始めます。ミキサーで粉砕して水とのりを入れて撹拌した状態のものをバットに入れ、紙漉きを保育者が実践して見せます。このときに②の素材を再確認して紙漉きが終わった子どもから模様を付けることを伝えます。

※ ②は時間がかかります。右の「紙漉きの工程」を参照してください。

準備するもの

- 牛乳パック
  1000mℓの牛乳パックではがき3～4枚を目安に
  （紙漉きの工程1まで保育者が準備しておく）
- 洗濯のり
- たらい
- バット
- ミキサー
- お玉
- 竹ぐし
- 水

紙に模様を付ける素材

紙漉きの工程

1 牛乳パックを幅5cmほどに切り、1日水に浸けておく

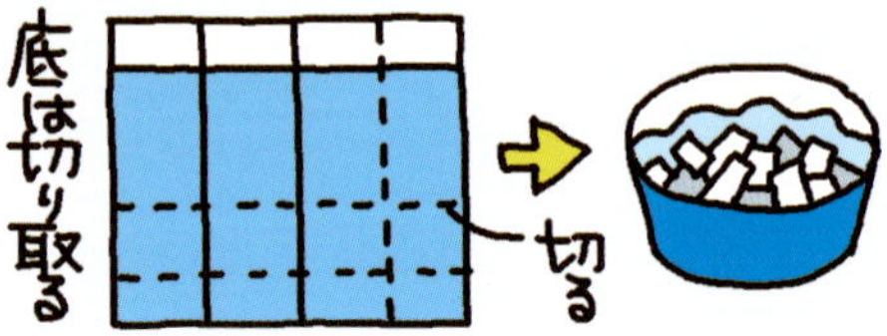

牛乳パックの裏に付いているフィルムがはがしやすくなる

2 牛乳パックのフィルムをはがし、小さくちぎる

3 1ℓの牛乳パック2～3枚くらいに1500mℓの水を目安に入れ、撹拌する

どろどろの液になるように

- フラワーペーパー(赤・黄・水色・桃・黄緑)
  1cm角程度に切っておく
- リボン(2色)
  1cm角程度に切っておく
- 毛糸(3色)
  5〜10cm程度に切っておく
- 牛乳パックの容器(11個)
  細かい素材を分別して入れておく
- 新聞紙
- ぞうきん
- 画板
- 紙漉き用の枠
- 机(3〜4台)
- シート

ポイント

紙漉き用の枠の作り方

いろいろな作り方がありますが、牛乳パックと水切りネットで安価で簡単にできます。何枚か作っておくと便利です。　※本事例では市販の紙漉き用枠を使用しています。

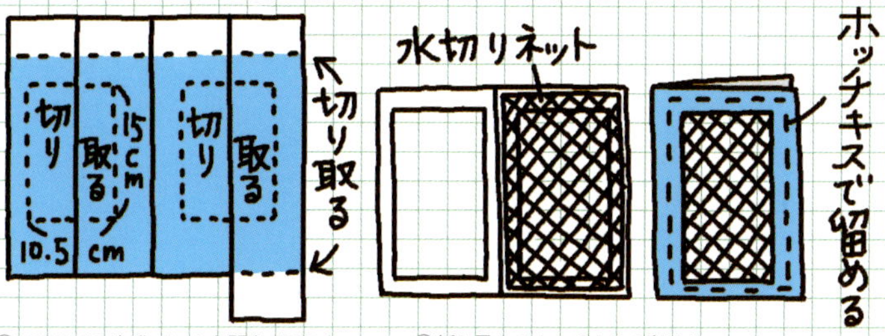

①1000mℓの牛乳パックを開き、図のように2か所はがきの大きさに切り取る

②折り畳んでホッチキスで留める

4 3の液をバットに入れ、のりを加えかき混ぜ、紙漉きの枠で液をすくい取る

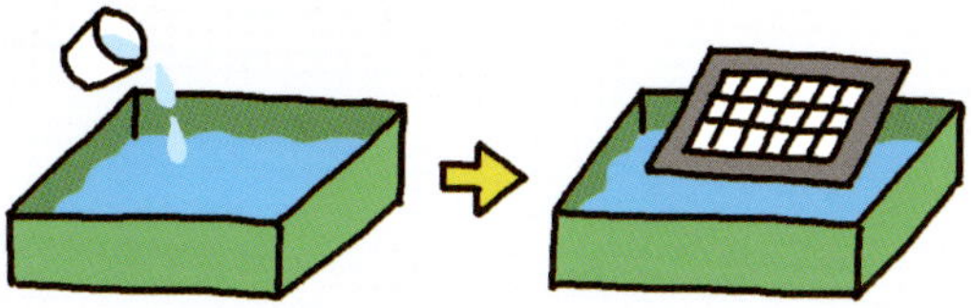

のりは洗濯のりキャップ1〜2杯程度

5 ぞうきんなどで押さえて軽く水分を取る

模様を付けない場合は、水分を取り、枠から外して乾燥させて完成。

6 素材を乗せ、スプーンなどで4の液を薄くかけ、ぞうきんで水分を取る

7 枠から外し、画板の上で乾燥する

フィルムをはがす・ちぎる

きれいにはがれる

牛乳パックのフィルムをはがします。

ポイント

牛乳パックの準備

前日から水につけておきます。開いたままでも使えますが、「紙漉きの工程」に示したように細く切っておくと子どもにもはがしやすくなります。

フィルムをはがす・ちぎる

細かくちぎるといいよ

はがしたものを細かくちぎります。

環境構成

動線の確保を

紙漉きをする場、模様を付ける場、枠から外して乾燥へ、とうまく流れるように机などを設定して、動線を確保しておきましょう。

ちぎった牛乳パックです。

水を加えてミキサーで粉砕し、洗濯のりを入れました。

紙を漉き、模様を付ける

なにのもようにしようかな

模様を付け始めました。

ゆきだるまのもよう

できたらすぐにお玉で液がかけられるようにバットの上で模様を置いていますが、枠を新聞紙の上などにおいて模様を付けるといいですね。

紙を漉き、模様を付ける

てにくっついた

毛糸がうまく置けないようです。

あかいけいとが
きれいでしょ

線があると模様が引き立ちますね。

カラフル!

この上に液を薄くかけ、紙漉きの枠から外します。

乾燥中

模様がかなり薄く見えます。上にかける液の濃さにもよります。できるだけ薄いほうが、模様が生かせます。

おく先生のミニ講義 ●いろいろな方法で紙漉きを楽しみましょう

★いろいろな素材で紙漉きに挑戦しましょう

牛乳パック以外でも紙漉きができます。トイレットペーパーや新聞紙で遊んだ後に挑戦してみましょう。新聞紙はグレーの紙になります。段ボールはちぎるのが大変ですがリサイクルを兼ねていかがでしょうか。

★色や模様を付けましょう

- ドロドロの液体にしたときに、絵の具や染料などを入れるとパステルカラーのはがきができます。
- 糸やモミジの葉っぱを入れてもきれいな紙ができます。
- 紙が乾燥してから和紙をはる、墨汁や絵の具で絵を描くなども楽しいですね。

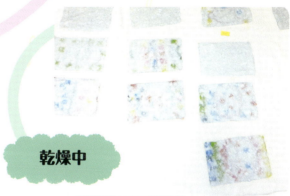

土粘土で遊ぶ

ニョキニョキの道を作ろう

粘土はもっとも可塑性のある素材です。伸ばすとひものように長くなり、つなぐとさらに長くなり、空間いっぱいに粘土の道が広がります。大量の土粘土を使い、みんなでニョキニョキとひねり出して伸ばしてみましょう。

活動のねらい

- 土粘土をひねり出す、伸ばす、つなぐなどの粘土操作を楽しむ。

★活動のはじまり

4歳児

日常の遊びで、子どもたちは油粘土が大好きです。園庭では砂場が好きで、夏には砂場に水をいっぱい使った泥んこあそびに夢中になっていました。泥んこの感触を十分に楽しんだ子どもたちに油粘土では味わえない大きな塊に挑戦してほしいと考え、土粘土を大量に準備しました。細かくちぎって指で細く伸ばすことが多い油粘土より、ダイナミックに粘土操作を楽しもうと、塊からひねり出す操作からスタートしました。

導入

初めての土粘土にワクワクします。

①印象深い土粘土との出会いをつくる

- 土粘土の塊（10kg×7～8個）と出会い、量を感じるようにします。
- 子どもが10kgの塊を持ち上げたり、運んだりすることで重さを実感できるようにします。
- 土粘土を切る方法について子どもと応答した後、糸で切って見せ、油粘土との違いに気づくようにしましょう。

②粘土操作と場について応答する

- 糸で切った粘土を伸ばす方法について子どもと応答した後、塊からひねり出す操作を知らせます。
- 3か所の島（ビニールテープで円形にはった場）を紹介します。
- 粘土を切ったら好きな島（場）に運び、ひねり出しで粘土を伸ばして道を作ることを提案します。

準備するもの

- 土粘土
  10kg×8本、予備4kg程度
- タコ糸
  粘土を切る（P.56『土の鈴』参照）
- シート
- 手ふきタオル、足ふきぞうきん
- バケツ
- ぞうきん
- ポリ袋

粘土と出会う

おもーい!

10kgの塊を持ってみました。持ち上げた粘土の塊だけポリ袋から出していません。

保育者の援助

粘土ベラは使わないの?

粘土は手で扱うことで感触・重さ・塊・変化を感じることができる素材です。特に土粘土では粘土ベラを安易に出さず、手を基本とすることをすすめます。

●ビニールテープ

ポイント

土粘土の管理

土粘土は乾燥すると練り直さないと使えなくなりますので、基本的には活動後すぐに元に戻します。

①使用頻度が高い場合は、食パンぐらいの塊にして水を吹きかけ、ポリ袋に入れて密封してからバケツに入れふたをして風通しの良い涼しいところで保管します。

②保管が長期にわたる場合は、水を補って練り直し、10kgくらいの塊にして表面にも水を吹きかけ、ポリ袋で密閉してバケツに入れ①と同様の場で保管します。

環境構成

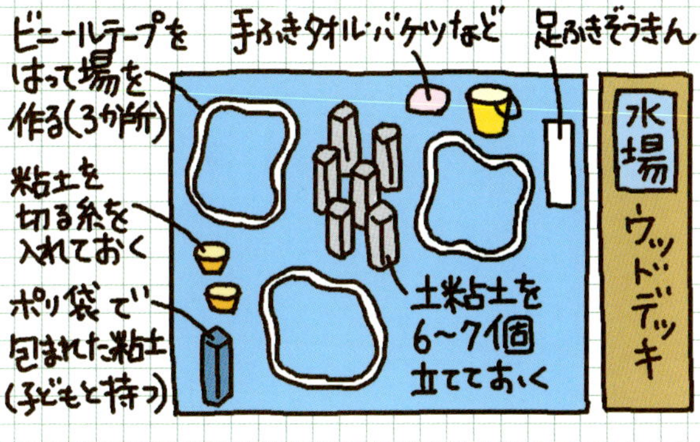

ビニールテープをはって場を作る(3か所)
手ふきタオル・バケツなど
足ふきぞうきん
水場
ウッドデッキ
粘土を切る糸を入れておく
ポリ袋で包まれた粘土(子どもと持つ)
土粘土を6~7個立てておく

土粘土は糸で切るとうまく切れるよ

きれいに切れるのを見て、早くしたい気持ちでいっぱいです。

ひねり出す・つなぐ

ギュッ
ギューッ

ひねり出していますが、握って伸ばしている感じですね。

ニョキニョキ伸びるよ
手に力を入れて

ひねり出しをしてみました。

保育者の援助

ヘビのように伸ばしてつなぎ出したら?

活動の初期段階ではひねり出す方向でまず援助します。活動後半になると、粘土量の減少に伴いしぜんにヘビのように伸ばしてつなぐ操作が増えてきますが、必要感を判断して受容しましょう。

ひねり出す・つなぐ

ニョキニョキ
のばそう

両手で挟んで細くしている子どももいます。それぞれのひねり出しです。このグループは真ん中から外へ向かって伸ばしていきます。

つながってきたね

囲うようにつないでいます。全部つながるのでしょうか。

ねんどが
ぺたんこに
なった

ひねり出すつもりでがんばったけれど、平らになってきました。まだまだ、個々の活動です。平らにすることが続くようでしたら、個別に声をかけてひねり出しを確認しましょう。

保育者の援助

ひねり出しが難しい子どもがいる場合は?

指でつまみ出すことはできても、指の力がなくて引っ張り出すことに苦労する子どももいます。油粘土との違いを知ることも大切なので、引き出す粘土の量を徐々に増やしていく、小さめの塊を手で握って粘土が伸びる感覚を実感するなどして、ひねり出しを経験できるようにしてみましょう。

おく先生のミニ講義　●粘土操作と発達過程

ちぎる、丸める、伸ばすなど粘土にかかわり粘土を変化させることを粘土操作と言います。粘土にかかわる行為や操作の発達の目安を掴んでおきましょう。

- 0歳児:触れる、つつく、つかむ、つまむ、
- 1・2歳児:たたいて平らにする、ちぎる、ヘビにする、丸めようとする、くっつける、並べる
- 3歳児:伸ばす、丸める、つなぐ、平らにする、積む
- 4・5歳児:穴をあける、ひねり出す、形作る

同年齢でも個人差や経験などによってできる操作は異なります。2歳児で並べる行為ができるのなら3歳児では簡単すぎると考えるのではなく、同じ操作でも進化していますので2歳児と3歳児、3歳児と5歳児で内容を変えて提案するとおもしろい活動が生まれるでしょう。0・1・2歳児の粘土の活動については、『0・1・2歳児の造形あそび』(ひかりのくに・刊) 第4章　感触を楽しむを参照してください。

ひねり出す・つなぐ

ここをくっつけよう

交差するように上下にくぐらせました。

ひとつの島（場）のつながりです。少しずつ外へ向かっているのがわかります。

3人でつなごうとしています。右の女児は小さな粘土の塊で、くっつけるつもりです。

おおきいおやま

つなぐだけでなく、大きな塊の構築物も出てきました。

どんどんダイナミックになっています。粘土の使用量も格段に増えました。

スタートした場から、すべての場に道がつながりました。そろそろ活動が終わります。

つながった

ニョキニョキのみちができたー！

つながった道をみんなで見て、確認しているところです。

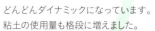

ボトルキャップで遊ぶ

身近な素材のボトルキャップ。白・青・水色・橙・赤・緑・黄色など、様々な色彩のものがありますね。でも、大きさと形状は同じです。同じものが大量にあると、楽しくてユニークな造形が生まれます。

活動のねらい

- 身近な素材を使って配列や構成を楽しむ。
- 色や形を工夫してダイナミックな空間構成をするおもしろさを味わう。

準備するもの

- **ボトルキャップ**
  白・青・水色・橙・赤・緑・黄色など多色を多数
- **大きい容器**
  2〜3個。ボトルキャップを入れておく
- **カップ**
  ひとり1個。ボトルキャップを入れて運ぶためのもの
- **広い空間**

★活動のはじまり

3歳児 4歳児 5歳児の異年齢

園ではエコ活動が行なわれています。その一環として子どもたちにもできる「エコキャップを集めよう」活動があり、大量にボトルキャップが集まっていました。エコに興味を持った子どもたちは家からさらに多くのボトルキャップを持ってきて、ビックリするくらいの量になったのです。これが活動の始まりです。この活動は、3・4・5歳児の異年齢での活動から始り、その後5歳児だけで「みんなでやろう」ということになって巨大な船を作る活動へと展開しました。

導入

導入ではボトルキャップとの出会い＝ものとの出会いで活動が始まります。

①2つの行為を示す

保育者がボトルキャップを、
・色分けしてみる
・並べてみる
の2つ行為を子どもたちと応答しながら示します。

ボトルキャップが入った容器の配置と、個々のカップに必要な量のボトルキャップを入れて運ぶように子どもたちに伝えて、活動がスタートします。

ボトルキャップを並べてみます。

遊び始める

いっぱい
あるね

選んだキャップを容器に入れます。

ひとつ、
ふたつ…

並べ始めています。（3歳児）

環境構成

ボトルキャップの色について

白・青・水色・橙・赤・緑・黄など、多様な色が集まります。個々の色はできるだけ多くの個数集めましょう。ブロックとよく似た使い方になりますが、ボトルキャップを1個の点として使う場合、色はあまり関係ありません。意識して色から入る場合は色を選びます。色が活動の方向を左右することもあるのです。

ポイント

シンプルな素材と場の遊び

この活動はボトルキャップという「もの」と、何もない「空間」だけで成り立っています。個々で並べたり積んだりする行為から、どんどん広い空間へ広げていき、空間をつくる遊びになっていきます。自分の表現空間を自分で広げたり、他児とつないだりしてさらに大きな空間をつくっていくのです。シンプルならではの活動です。

同じ色を集めてきました。箱の中に並べます。(3歳児)

並べる、積むなど、個々の遊びに個性があります。(4歳児)

3歳児の積む姿です。向かい合っていますが個々の活動です。

高く積みました。何層あるのでしょうか。(4歳児)

つながる

ここはなに？

少しずつつながってきました。（4・5歳児）

おもしろいかたちになってきたよ

並べて平面に、積んで立体に。（5歳児）A

Aの活動も一体化しました。（4・5歳児）

道がつながりました。大きい2つの空間はお池だそうです。

おく先生のミニ講義　●ボトルキャップの遊びと子どもの発達

★ボトルキャップの3・4・5歳児の自然発生的な遊び

この活動は3・4・5歳児の異年齢児の活動ですが、単一年齢のクラスでも楽しい遊びが展開します。ボトルキャップとかかわる、年齢と遊びの特徴を理解しておきましょう。

・3歳児：並べる、積むなど個々の遊びが中心。
・4歳児：色を選択して並べる、3段、4段と積む。個々で細かい構造物を作る。道を作り始めた4歳児は5歳児の活動へ合流する。
・5歳児：並べて道や池など空間を大きく使って個々から何人かでの活動へ広がる。

★協同の目的を持った5歳児対象の活動

自然発生的な遊びの姿は上記のようですが、5歳児だけの活動では目的を決めて共同製作のように活動することも可能です。このとき、保育者主導の活動で終わらないように、子どもたちと意見交換することが重要です。

5歳児だけの活動へ

たいそうしています

お友達を囲ったら、人の形になりました。

力を合わせて船を作りました。海の中にはお魚がいっぱい。

保育者の援助

作ったものをどうするのか？

巨大な船を作った5歳児さんたちは、「壊したくない」という思いでいっぱいでした。「どうする？」と悩んだ結果、壊れるものだということを理解し、「壊れたら仕方がない」ということでその日にみんなで壊すことにしたのでした。

他クラスの遊び紹介

後日、コーナー遊びの素材となり、構成遊びやボトルキャップに穴をあけてひもを通しブレスレットのようにするなど遊びが継続したのです。やがて、他クラスもこの遊びを共有して、「ミミズのマフラー」などの造形活動が生まれました。

ミミズさんマフラーだよ。

あかとみずいろのマフラーかわいい

ミミズマフラーをしてみました。

保育者の援助

全体の活動からコーナーへ（コーナー保育との関連）

身近な素材や雑材での遊びは、コーナーに置いておいて子どもが一様に経験をして、遊びが広がってきたらみんなで共有しようと考えることが多いかもしれません。ボトルキャップの遊びはその逆で、みんなで遊ぶ経験をしたのち、コーナーに置いた素材でした。自由に出して積み木やブロックのように遊ぶ、保育者がボトルキャップに穴をあけておくと、ひも通しをするなど、遊びの質を変化させる工夫があるといろいろな子どもが経験できる場となることでしょう。

布に描く

クローバー

画用紙や和紙、ビニールや段ボール板など、様々な素材に絵を描く経験をしてきた子どもたちに、画用紙ならぬ布を張った画布を準備してみました。布に描くクローバーはどんな表現になるでしょうか。

活動のねらい

- 布に絵の具で描くことを楽しむ。

準備するもの

- **画用紙**
  四ツ切
- **木綿の布**
  木綿の布で四ツ切画用紙を包むようにしてはる
- **絵の具**
  緑系３色（黄緑・エメラルドグリーン・青緑）＋うす橙
- **溶き容器**
- **筆**
  太筆12〜14号

★活動のはじまり

3歳児 4歳児 5歳児 の異年齢

毎朝子どもたちは園庭で遊び、築山やプランターの草花にも関心を示し、自発的にお水をあげる姿も見られます。なかでもクローバーに興味を持ち、四つ葉のクローバーを探しています。そこで、画用紙とは違った感触の布を使って、クローバーを描きたいと考えました。描くと草花にお水をあげたときのように、絵の具がじわーっとにじむおもしろさを味わってほしいと思い、布の画用紙を準備しました。

導入

①クローバーを観察して話し合う

クローバーの色や、葉っぱの形、しくみなどについて話し合います。

摘んできたクローバーを見て、どんな感じか話し合います。

②絵の具と布の画用紙について応答する

- 紙の画用紙と布の画用紙の違いである「にじむ」ことに気づくようにします。
- 筆に含ませる絵の具の量や、筆の使い方などについて子どもと考えます。
- 太く描く、細く描くなどに工夫ができるように伝えて、描き始めます。

描き始める

ビューンって
かいたよ

大胆ですが、ちょっとスピード出しすぎでしょう。ゆっくり描こうね。（3歳児）

- 画板
- ぞうきん
- クローバー(瓶に入れておく)

ポイント

布の準備にひと手間かけましょう

- 木綿の布で、本時は生成りの布を使いました。シーチングやジーンズのように厚手のものはにじみにくいので、さらしぐらいのものが良いと思います。
- 新しい布の場合は一度洗濯機で洗って、よくにじむように糊分を取っておきましょう。

環境構成

横取りの隊形で行ないます。

クローバーのはっぱだよ

慎重に線を描き始めました。すぐにかすれが出てきます。(5歳児)

にじんだよ
にじむのおもしろい!

点々ですね。点もにじんで広がります。(3歳児)

はっぱをつける!

線で描いて、中に薄い緑を塗りました。天地が逆さまのようですが、このまま見守ります。(4歳児)

にじんだよ

おおきい
はっぱになった

たっぷり付けた絵の具が、うまくにじんできれいに広がりました。葉っぱに葉っぱが付いています。（4歳児）

つぎは
このみどり

3色の絵の具を使っています。4歳児さんの表現です。

うすだいだいも
つかってみたい

お空に鳥を飛ばしてみました。（5歳児）

あめが
ふってるの

花のような部分は細かく描きましたが、にじんでぼやけてしまいました。（5歳児）

保育者の援助

布に描くときに留意すること

- 画用紙で描くときより筆の滑りが悪いので、筆に付ける絵の具を少し多めにします。
- この事例では子どもからの要求はなかったのですが、絵の具で描いた上に細かい表現をしたい場合は原液の絵の具と綿棒を使います。
- 絵の具が乾くと、画用紙に描いたときより絵の具の色が少し薄くなりますので、少し濃い目の色を準備しておくとよいでしょう。

クローバーの
はたけみたい

吹き抜けの2階からの全景です。いろいろな表現がひと目でとらえられます。

完成

三つ葉、四つ葉を描き分けています。（5歳児）

全部緑ににじみました。
筆の軌跡が心地良いですね。（3歳児）

いろいろな色のにじみを
試しました。（4歳児）

テキスタイルのデザインのようです。
にじみも構成も美しいですね。（4歳児）

最後まで点で埋めました。（3歳児）

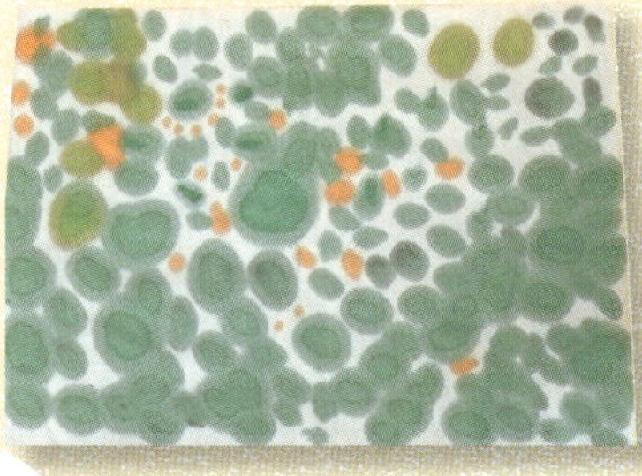

おく先生の ミニ講義　●布を染める、布を作る活動を楽しみましょう

★染める

ヤマゴボウやミカンなどの自然の染料や、カレー粉・紅茶など身近な食品、市販の染料などで布を染めます。ビー玉や小石を包んで輪ゴムで縛るなどした絞り染めや、畳んだ布を割りばしなどで挟む挟み染めなどもおもしろい模様ができます。溶かした蝋で模様を描き、防染してから染料に浸けたりハケ染めをしたりするろうけつ染めも試してみたい染めです。

★織る

毛糸やリボンなどを簡単な織機で織ると、個性的な布やラグができます。布を裂いてひも状にしたものを織ることもできます。ひとりひとりが織った小さな布を集めて綴じると、大きな絨毯のようになって、持ち寄りの共同製作になり、みんなで楽しむことができます。

4章 場で遊ぶ①

3歳児 4歳児 5歳児 異年齢

個の表現から全体へ

すきなものはなあに

小さい絵がたくさん集まると壁いっぱいになって、みんなでこんなにたくさん描いたのだと思えます。平面で描き、立面に飾る、場所を生かして子どもたちが好きなものを描く活動を考えてみました。

活動のねらい

- 好きなものを何枚も描くことを楽しむ。

準備するもの

●画用紙

四ツ切の1/6大の正方形および円形（ひとり5～10枚程度）
青い画板にそれぞれ置いておく

●帯紙

約4cm×2mの紙。黄色・赤・青・緑・橙を各5本くらい

※ 本活動では、最初9本を壁に垂らし、その後不足したので2本足しました。

●絵の具（中濃度に溶く。以下の4セット）

紫・橙・黄色＋黄土色・黄緑・藍色
エメラルドグリーン・水色・群青色・ピンク・レンガ色
赤・深緑・黄緑＋黄色・空色・橙
朱色・山吹色・黄緑・青紫・ピンク

★活動のはじまり

5歳児

テーマがあると描き始めるけれど、自由画のように好きなものを自分で決めて描くのに時間がかかるなど、年長児になると好きな絵が描き始めにくくなる子どもがいます。好きなものをみんなで決めてみよう、ということで描きたいもの、描けるものを子どもに聞いていくつか決めました。小さな円形と正方形の紙をたくさん準備して何枚も描けるようにし、描いたものをグルーピングしてはる場所も準備しました。

導入

①好きなものを描くことを伝え、みんなで考えようと誘う

描きたいものを聞き、5個にまとめます。事例では、お花・乗り物・食べ物・動物・その他（前の4つに入らないもの）になりました。

②紙と絵の具を紹介する

③場の使い方を伝える

・2枚目からは自分で小さい紙を1枚ずつ持っていき、各自の画板の上で①で決めたものを描くこと。

・描いた絵の具が乾いたら、壁の帯紙に両面テープではること。帯紙の色は、赤：花、青：乗り物、緑：動物、黄色：食べ物、橙：その他に分けてはること。

・何枚描いてもいいが、ていねいに描くこと。

画板の前に座り、1枚目を保育者が配って描き始めます。

描き始める

子どもたちは横取りの隊形で待っています。
1枚目は保育者が紙を配りました。
2枚目からは自分で取りに行きます。

- **筆**
  中筆、細筆
- **両面テープ**
  かごに入れる。切りにくい子のために、切ってかごの縁にも少しはっておく
- **画板**
- **青い画板**
  2枚。画用紙を置く
- **シート**
- **ぞうきん**

環境構成

描く場と飾る場を混乱しないようにつくりましょう

・立面と平面を使うと、描く場と飾る場がわかりやすくなります。絵の具を中心にして画板を置くことで描く場が保障できます。

・紙を取る、描く、両面テープを付ける、帯紙にはる、という動線をうまく作りましょう。

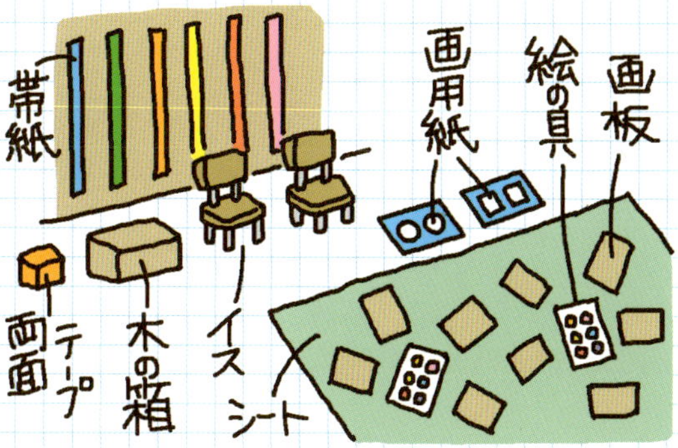
帯紙
画用紙
絵の具
画板
両面テープ
木の箱
イス
シート

フルーツだいすき
ぶどうをかいてるの

フルーツいっぱい。壁面の1列をこのシリーズで埋めました。

くるま、2だいめ

車が大好き。
1枚目が乾くまでに、
2枚目を描きます。

いろんなのりもの
をかきたい

左側に乾かしているのは、ヘリコプターです。

おはなばたけ
にしたい

お花を描きました。2枚目に挑戦。

壁面にはる

乾いた絵をはりに行きました。上からはらずに、ちょうど届くところからはっていきます。下の箱とイスは踏み台に使います。

ブドウをはったよ

フルーツがいっぱいになったよ

この女の子がはろうとしている場所の上にブドウが4個。
あまり同じものが続くときは、保育者が声をかけてみましょう。

クローズアップ

ヘビ。一筆書きのようですが、動きがありますね。

場所を増やしました。まだまだ活動は続きます。

保育者の援助

グルーピングの効果は？

- 帯紙の好きな色にはる活動でもよいと思いますが、グルーピングすることによって、はる前に自分が描いたものの仲間を確認することができ、お友達が描いたものも意識することができます。
- 何枚も描ける活動では描く枚数を競う子どもがいて、1枚の内容が乏しくなることがあります。はる前に場を確認することで、次に何を描きたいかを考える機会を得ることにもなり、枚数競争を避ける効果もあるのです。保育者もいっしょに見て考えましょう。

クローズアップ

車。円周に合わせたピンクの道がきれいです。

力強く描いていますね。

いっぱいになった

「たくさんあるー」と子どもたちは満足でした。

最後の1枚を飾るところをみんなで見ています。

おく先生のミニ講義

●小さい紙で描く意味は？

大きな紙にダイナミックに描く活動にはある種の解放感が伴いますが、小さい紙は小さな空間ですので1枚を短時間に集中して描くことができ、1枚描くごとに「描けた」という達成感を得ることができます。描くごとにその子なりの進化がある、違う種類のものを描くなど個々の活動の違いが見られます。

子どもの協同という視点で見ると、持ち寄り協同に近い活動です。活動の最後に改めて壁面を埋めた絵を見ることで、自分たちがこんなにいっぱい描いた、すごいね、と感動する姿が見られることでしょう。鑑賞も大切な造形活動です。

枚数は少なくても細部まで描くことを目的にする場合は、パスやマーカーを使いましょう。多様な種類の魚などがいる水族館や遠足で行った植物園の温室などもおもしろいテーマです。

3歳児 4歳児 5歳児 異年齢

お洗濯しよう

バチック

バチックですてきな模様ができたTシャツや靴下を、ホールに張ったロープに洗濯物を干すようにつるします。5～6月、技法遊びやごっこ的な遊びを広い場でダイナミックに展開できると楽しいですね。

活動のねらい

- パスで模様を描くことやバチックを楽しむ。
- 洗濯ごっこをするつもりで、好きな場に画用紙をつるす。

★活動のはじまり

3歳児 4歳児 5歳児 の異年齢

自分のハンカチをお洗濯したりして、洗濯ごっこに興味を持っている子どもたちですが、今は梅雨、なかなか晴れ間が見えません。天気の良い日は「洗濯びよりやなぁ」という声が子どもから聞こえてきます。あいにくの雨の日ですが、子どもの声に応えようと広い場所にロープを張った場を用意して、洗濯ごっこのスタートです。

導入

①バチックの技法と出会う

・お洗濯をしようと呼びかけ、かごに入れた洗濯物(画用紙を切ったTシャツや靴下など)を見せます。子どもたちが着ている服に模様や色があることに気づくようにし、パスで模様を描いてから絵の具をていねいに塗ることを伝えます。

・バチック(はじき)については、して見せてパスの上に絵の具を塗っても模様が隠れないことを確認します。

先生のTシャツ
どんな模様かな？

②干す場所を紹介する

ロープを張った場を紹介し、Tシャツなどに絵の具を塗ってきれいになったら、好きな場を探して洗濯バサミで挟んで干すことを伝えます。3歳児もいるので保育者が干してみるとわかりやすいですね。

準備するもの

- **画用紙**
  四ツ切～八ツ切大。Tシャツ、パンツ、靴下、帽子などの形に切っておく。ひとり2～3枚程度準備しておく
- **パス**
- **絵の具**
  5色（濃いピンク、黄緑、水色、薄紫、山吹色）
  水を多めにして低濃度に溶く
- **小型バケツ**
  5個。溶いた絵の具を入れる
- **太筆**

模様を描く

おはなのもようにしようかな

「模様」を描き始めました。

にじのいろをぬったよ

にじの模様。カタツムリが出てきました。（5歳児）

- **画板**
- **ロープ**
  ホールに張っておく
- **洗濯バサミ**
- **かご**
  3個。画用紙、洗濯バサミを入れる
- **足ふきぞうきん**
  絵の具が足に付いたのを取る
- **シート**

環境構成

動線を考えた空間構成を！

・3つの場をつくる

①パスで描く場、②絵の具を塗る場、③洗濯物を干す場、の3つの場は子どもの活動の流れに沿って動線を考えて構成しましょう。

・画用紙と洗濯バサミのかごを準備する

画用紙で作成した洗濯物はかごに入れて①の場に2か所程度、洗濯バサミを入れたかごは③の場に1か所設置し、子どもが自由に使えるようにしておきます。使用のルールは導入時にしっかり伝えましょう。

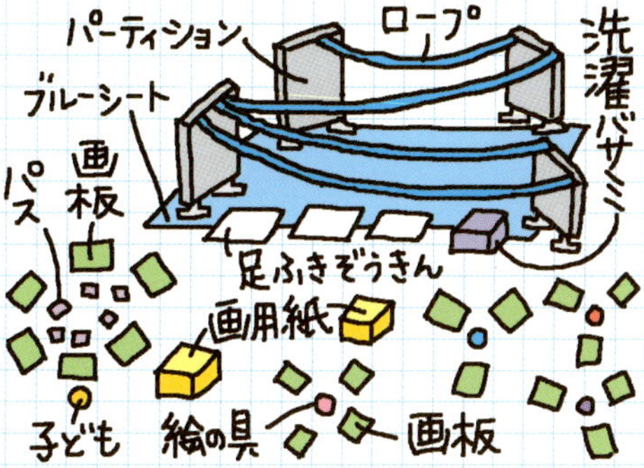

Tシャツの袖の部分、裾の部分を意識しています。（3歳児）

バチック

絵の具を塗り始めました。（4歳児）

左右対称、華やかな模様ですね。（5歳児）

保育者の援助

活動のプロセスを見ておきましょう

複数の要素がある活動は、それぞれの子どもが生きる場面が多様にあります。模様の工夫がおもしろい、絵の具の塗り方に独自性がある、干す場所がたいへんユニーク、選んだ紙が個性的など、その子の個性が光ります。活動のプロセスをよく観察し、ひとりひとりがどの部分に興味を持って活動したかを把握しましょう。子ども理解につながります。

バチック

きれいな
いろになった

鮮やかなバチックです。(5歳児)

バチックは目立ちませんが、絵の具の塗り分けがきれいです。(3歳児)

山吹色を選択しました。もっと模様を描くと思ったのですが…。Tシャツのデザインとしてはおもしろいですね。(3歳児)

カタツムリの
もようだよ

保育者の援助

バチックがうまく出ない場合

- 絵の具の濃度が濃すぎる場合→水を足して薄めます。
- 子どものストロークが弱い場合→パスを持つ手に力を入れて、押すようにして描くよう伝えてみます。
- 筆でパスの上をこするように何度も塗る場合→絵の具は1度だけゆっくりと塗るよう伝えます。

模様をひとつずつはじいていきます。(4歳児)

好きな場所に干す

ここがいいよ

場を探してつるしています。

おとさないでね

いっしょに運んでいますね。慎重です。

保育者の援助

洗濯物を干すことだけを楽しんでいる場合

中には干すことばかりを楽しむ子どもも出てきます。原因を推測して、そっと模様を描く活動に戻しましょう。

ここに
はさんだら
いいね

最後までいっしょに洗濯バサミを留めていました。(4歳児)

好きな場所に干す

並んで干す後ろ姿は真剣です。(4・5歳児)

鑑賞

活動の終わりに、鑑賞会をしました。

室内ですが、風に揺れているようできれいです。

後でお外に干しました。本物の洗濯物みたいです。

おく先生のミニ講義 ●「模様」と「飾る」とは?

★「模様」とは何でしょう

「Tシャツに模様を描きましょう」と導入したところ、子どもが描いた模様は自由画だった、ということはありませんか。模様は装飾として施す種々の絵や形や図を意味しますから、絵画も模様になり得ますが、自由画とは少し目的が異なります。

★飾る目的を伝えたい

子どもに「模様ってどんなのがある?」と聞いたところ、「しましま」「まる」「お花の模様」「○○マン」などのキャラクターなど、自分の持ち物や衣服の模様を答えました。模様は自由画帳に描く絵、運動会の絵やザリガニの観察画とは違って、飾る目的を持っていることを伝えられるようにしたいものです。

3歳児 4歳児 5歳児 異年齢

ヒュー・ドン！花火だ！

子どもたちに夏休みで楽しかったことを聞くと、「花火をした」「花火を見た」という声が返ってきます。子どもたちが感じた花火の音や動きや輝く色をダイナミックに表現できる場をつくりました。

活動のねらい

- 花火の音や広がる動きなどを点や線で表現することを楽しむ。
- 広い場でダイナミックに描くことを経験する。

準備するもの

- **色画用紙(四ツ切)**

平面

・群青13枚はり合わせたもの。1か所

・黒20枚はり合わせたもの。1か所

・灰色12枚はり合わせたもの。1か所

・群青4枚黒2枚はり合わせたもの。1か所

・群青2枚黒3枚はり合わせたもの。1か所

立面(パーティションを使用)

・群青6枚はり合わせたもの。1か所

・黒6枚はり合わせたもの。2か所

養生テープなどで画用紙を固定しておく。

※ 本時は子ども1人当たり四ツ切約2.5枚の計算です。

★活動のはじまり

3歳児 4歳児 の異年齢

夏の終わりになって、3・4歳児の異年齢クラスの子どもたちが、コーナー遊びでも集団遊びでもいっしょに場を使って遊ぶ姿が見られるようになりました。そして、花火の実体験や花火大会へ行った経験、その機会がなかった子どもは映像で花火を園で見ています。この活動の始まりは、保育者が3・4歳児期の人間関係の成長をとらえたこと、子どもたちの経験の共有を確認したときでした。それがダイナミックな表現の場を誕生させたのですね。

環境構成

場の作り方

立面は筆を持っていちばん先が届く高さに、平面は大小の面積や形など変化にとんだ場になるように考えます。本時の平面の場は紙の上に乗らないと描けない大きさのものがあります。紙の色にも変化を持たせると絵の具の色との関係で複雑な色合いが出て楽しい表現になります。

花火を描く場。花火玉が置いてあります。

導入

①花火について

・花火がどのように空に向かって上がり、どのように開くのか、どんな音がするのかなど、身体や声などを使って子どもと応答しつつ確認します。花火が上がって1点を中心に開く感じを花火玉や花火(ビニール傘を開く)で視覚的に再現するのもひとつの方法です。

・花火がドーンと上がって、パーン・パチパチと開くなど、描画の線や点につながるように擬音などで表現してみることでイメージできるように話しましょう。

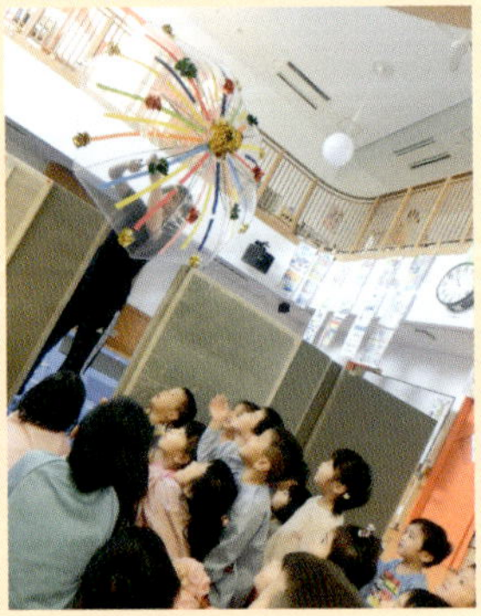

花火がパーンと開いた。

②場について

絵の具のルールを確認した後、パーティションの向こうのどの場で描いてもいいことを伝えます。子どもたちはお空の空間へ移動し活動がスタートします。(絵の具のルールについては、P.24『お耳がながーい』「ポイント：3歳児の共同絵の具のお約束」参照)

場が足りなくなったときの補充用

四ツ切大から取った円形の紙
群青・黒　4〜5枚

二ツ切大からとった円形の紙
群青・黒　1〜2枚

●絵の具

濃い濃度に溶く。カップ状の容器に溶いて6色1組のものを6か所に置く

クリーム色、エメラルドグリーン、薄紫、橙、水色、濃いピンク、うすいピンク。（すべて少し白を加える）

●筆

8〜12号

●花火玉

丸めた新聞紙を養生テープ、ビニールテープなどで巻いたもの。平面・立面に1〜2個ずつ固定しておく

●ビニール傘（花火玉大）

導入用。ビニール傘はビニールテープや光るテープなどで花火のように装飾しておく

●養生テープ

●ブルーシート

●ぞうきん

ポイント

絵の具の準備

・絵の具だけで描くダイナミックな活動です。柔らかな雰囲気より、明快な線のほうが力強さを表現できますので、ポタージュスープのような濃さに溶きましょう。

・濃色の色画用紙に描きますので、絵の具の色を作るとき、どの色にも白を加えるとマットになり、色画用紙の色の影響が少なく、描線を美しく生かすことができます。

・絵の具は複数の子どもが同時に使います。1つのカップに大・中2本程度の筆を入れておきます。画用紙の間に置きますが、子どものようすを見て使いやすいように置き場所を移動しましょう。

描き始める

おおきい
はなび！

平面を囲うように描く場所を決めています。

はなびだまだ

花火玉から線と点が広がります。（3歳児）

えのぐ
たのしい！

少しずつ塗り始めています。（3歳児）

ポイント

立面と平面の違い

3・4歳では立面では花火は下から上に描かれることが多く、平面では360度基底線になるので花火が夜空の空間に浮かんでいるように見えます。

はなび
おそらに
あがったよ

立面は下からヒューッ、パーン。

ヒュー・ドン！ パチパチパチ

パチパチのいろ
きれいでしょ

広がる花火の光の色を規則的に描きます。（4歳児）

保育者の援助

絵の具が混ざったら

絵の具を画面の上で混ぜたり、筆を容器に返すときによく見ないで違う色の容器に入れてしまったりする子どもがいます。絵の具が濁りそうでしたら、保育者が筆を洗って容器に戻してください。

ぬると
きもちいいよ

塗っています。絵の具の色と感触がおもしろいのですね。（3歳児）

ひかってる
はなび

キラキラを点々で。（4歳児）

保育者の援助

線で描いたのに塗り始めたら

3歳児は絵の具の感触がおもしろくて、線で描いたのに塗ってしまう子どもがいます。まず受容しましょう。長く惰性のように塗っているようでしたら、場を変えて花火の世界に戻るように応答してみましょう。

保育者の援助

子どもが描く場所を移動してもいいの？

好きな場を自分で決めて描きます。活動途中でほかの場所へ自由に移動できます。

おく先生の ミニ講義

●子どもは音や動きをどのように表現するのでしょう

4・5歳児が楽器の音をイメージしてパスやマーカーで描くと、線で表す、音符を描く、曲の題名にある花や動物の絵を描くなどが現れます。日常の音を聴いたりイメージしたりして描いても線や点で描く、絵の具の場合は面に塗る、水の音から発想して雨やおふろなど具体的な場面を描くなどの表現が見られます。動きも同様に玉入れの玉がかごに入る軌跡を線や矢印で表すなどします。また連写した写真のように具体的に人などを並べて表現することもあります。音や動きの描画表現は線や点などで表現する、具体的なイメージを持って描くなどに分かれますが、線や点で表すほうが多いようです。花火は視覚的にも線や点に見えることから、音や動きを絵に表しやすい題材なのでしょう。

お空いっぱい

お空いっぱいに広がりました。

ひとりぶんの
おそらをもらったよ

小さい画面で落ち着いて描いています。（3歳児）

立面もいっぱいに。打ち上げた軌跡がわかります。

2階から俯瞰して。ダイナミックですね。

見てみよう きれい！

ホールいっぱいの花火です。

お父さんやお母さんにも見てほしい、大花火。

3歳児 4歳児 5歳児 異年齢

大量の緩衝材で
きのこにょきにょき

広い場に、倒木のような塊がゴロゴロ。そこはキノコが生えるのに適した森の中だったようです。大量の緩衝材（エココーン）をキノコに見立ててくっつけて、森にキノコをいっぱい生やそうと考えました。

活動のねらい

- 緩衝材をいろいろな場にくっつけることを楽しむ。(a)
- キノコに見立ててくっつけ方を工夫する。(b)

※ (a)(b)についてはP.123の「おく先生のミニ講義」参照

準備するもの

- 緩衝材（エココーン）
- 綿
- アルミホイルカップ
- 積み木、棚　など
  色画用紙で覆い、場にする
- 色画用紙
  灰色（積み木などの立体にはる）
- クラフト紙（積み木などの立体にはる）
- 木工用接着剤（ボトルキャップに入れておく）
- 小皿

★活動のはじまり

3歳児 4歳児 5歳児 の異年齢

園庭でキノコを見つけたのをきっかけに、給食で食べるキノコにも興味がわきました。クッキングで4種類のキノコの味や香りの食べ比べをしてみたり、図鑑で調べて毒キノコがあることを知り、キノコの種類に関心がさらに深まりました。そこで、キノコをいっぱい生やして、キノコの森にしたいと思い、保育室にキノコが喜ぶ木がある環境をつくりました。

導入

①キノコの形状や育つようすについて応答する（活動とは別の場所で）

キノコの傘や柄、大小、キノコがにょきにょきと大きくなるイメージを共有しましょう。

袋の中には緩衝材が入っています。

②素材の使い方を伝える

・緩衝材、綿、アルミホイルカップなどを示し、これらの素材がいろいろなキノコになる方法を子どもと考えます。

・素材を木工用接着剤で付けることを話し、木工用接着剤、緩衝材などの取り方を伝えて活動の場へ移動します。

場を見つけてキノコを作る

かごの中の緩衝材をピンクのお皿に入れています。お皿を持って場を探しに行きます。

緩衝材を入れる（個人）

- かご
- 手ふきタオル
- 両面テープ
- ガムテープ

環境構成

場の作り方

・上面と側面を利用できるように

大きな立体を数個配置する環境構成です。3・4・5歳児の活動だということを考えて、3歳児が使いやすい上面、大きさを感じる子どもの背くらいの場など、変化がある場の魅力と、発達的な観点からの配慮をしましょう。

・ひとりでそっと遊べる場も必要

集団の勢いに入り切れない子どものために、小さいひそかな場をつくっておきましょう。そこをスタート地点として活動が始まる子どももいるからです。

こんな場になっています。どこにキノコを生やすのでしょうか?

キノコのもりだ!

入り口でボトルキャップに入った木工用接着剤をもらい、場へ入ってきました。床には容器に入れた手ふきタオルが置いてあります。

ここにも
はえてるよ

アルミホイルカップの傘を付けたキノコ。3歳児は1個ずつ生やしています。

きれいに
ならんでいるよ

傘を付けるより、緩衝材を並べるのがおもしろいようです。（4・5歳児）

場を見つけてキノコを作る

キノコのおやま

キノコの傘は綿帽子です。
狭い場に密集して生えています。（3歳児）

どんどん
おおきくなるよ

背の高いキノコです。2つ、3つと上へ伸ばすことに興味を持ちました。（4歳児）

いろいろな場のキノコ

キノコの
おともだち
いっぱい

やはり、上面のほうがくっつけやすいようで、にょきにょき生えています。（4歳児）

高いお山にもキノコがいっぱい。

森はキノコでいっぱいになりました。

その後の活動

後日、ペットボトルのカバンを持ってキノコ狩りです。（4歳児）

バケツ一杯にキノコを収穫しました。キノコのごちそうを作りたいな。（5歳児）

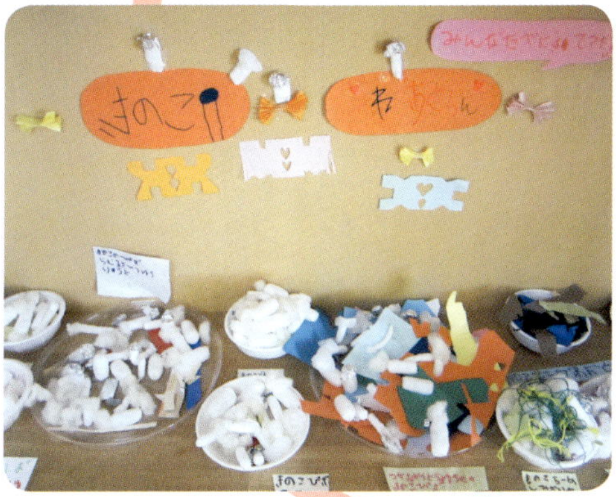

きのこれすとらん。おいしそうな料理が並びます。

ポイント

キノコの活動その後

・キノコ狩り

この活動の4日後、子どもたちはキノコの森でキノコ狩りをしました。自分たちが育てたキノコをカバンやバケツ一杯に収穫して大満足でした。場にかかわるダイナミックな活動の後、場をどのように保持、またはかたづけるのかということが課題になります。これは、問題なく素材を回収し、次に向かったひとつの例です。

・きのこれすとらん

子どもたちはクッキング保育でしたことを覚えていて、収穫したキノコはお料理されました。キノコラーメン、キノコ丼、キノコカレーなどがレストランに並びました。キノコの保育はまだまだ続きます。

おく先生のミニ講義

●「キノコ」というイメージの共有は必要でしょうか？

この事例の活動は「キノコ」のイメージ共有があってもなくても成立する活動です。イメージ共有の有無で活動のどこに違いが生じるのでしょうか。

★もの（素材）と場にかかわる活動の場合

緩衝材をくっつける活動になります。素材を、並べる・積む・場に沿ってくっつける・緩衝材を長くつなぐ・点材として使い並べて形作る、などの行為が出現します。活動のプロセスで多様な見立ても発生するでしょう。

★イメージの共有がある場合

キノコ、というイメージの縛りがあるので、その中で多様な展開が出てきます。大きい・小さい・長い・太い・傘が広がっている、生えている場所の発見など、イメージに沿っての活動が展開します。もの（素材）や場とのかかわりは、「もの（素材）と場にかかわる活動の場合」と同様の視点で見ます。

★2つのねらいをたてた理由

キノコの活動が展開していたことで、子どもの遊びを採集した結果、(b)のねらいをたて、異年齢の活動で3歳児を含むことからイメージ共有できない場面が発生する可能性を考え(a)のねらいをたてました。(b)のねらいを持って(a)の観点でも活動を見ることができればいいですね。

立体的に構築する

おうち作りから広がる活動

段ボール板の小さな空間に木片を立体的に構築して自分の家を作りました。ある日、自分の家をホールの広い空間に運び入れると、道や公園でつなぎ、大きな町を作ったのです。小さな場から大きな場へ広がる活動です。

活動のねらい

- 木を組み合わせて立体的な家を工夫して作る。
- 個々の活動から協同へ展開し、広い空間で遊ぶことを楽しむ。

準備するもの

●木片

大量に準備する。かごに入れてグループに1個置く

ポイント

木片を使うときの留意点

木片は切りっぱなしになっていると、とげが刺さりやすく、けがの誘因ともなります。きれいに始末してあるものや、サンドペーパーなどでならして安全にしたものを使いましょう。

今回の木片は、木材屋さんからいただいたものです。保護者や知り合いに大工さんや指物師の方がいれば頼んでおくといいですね。

★活動のはじまり

5歳児

コーナーにある何種類かの積み木、汽車などを使い、夢中になって遊ぶ姿が見られます。積み木の使い方が、並べる・積む中心から構成的に変化してきて、より複雑な構築物を作るようになっています。同時に自分がイメージしたものにしていく楽しさもわかってきたようです。大量の木片をもらったのをきっかけに、不揃いの形の木片での活動に取り組もうと考えました。前日までに子どもたちは紙粘土で小さな自分の人形を作り、その人形が住む家を建てるための土台になる、段ボール板を切っておきました。

導入

①木片を使って家を作ることについて応答する

・どのような家を作るか話を引き出しましょう。

・背が高い、広いなど外観や、家の中について話し合いましょう。

②素材＝木片と接着剤＝木工用接着剤の特性を伝える

・木片には多様な形のものがあることに気づくようにしましょう。

自分の土地と自分の人形とともに話を聞きます。

・段ボール板に家を建てることを確認します。

・壊れないじょうぶな家にするためにどうすればよいかを考えましょう。

・本時は、木工用接着剤はへらで塗ることを伝え、活動を開始します（いつもは指を使います）。

おうちを作り始める

しっかりぬろう

接着剤をていねいにスプーンで塗ります。スプーンには持つ部分にビニールテープが巻いてあります。

おうちのかこいができた

同じ高さの木片を選んで並べ、囲いを作ります。ギザギザの部分はどのようになるのでしょうか。

- **段ボール板**
- **段ボールのこぎり**
- **マーカー**
- **木工用接着剤**
  容器に入れておく。1人1個
- **アイスクリームスプーン**
  木工用接着剤を塗る
  柄にビニールテープを巻いておく
- **紙粘土の小さな自分の人形**

ポイント

事前の活動

小さな自分の人形を紙粘土で作り、彩色します。自分の人形が住む家をイメージするきっかけづくりです。家を構築する場として段ボール板に黒のマーカーで空間の大きさを描き、段ボールのこぎりで切り取ります。これで個人の場ができました。

【広い場で】

- **色画用紙**
  八ツ切。灰色。10cm幅に切っておく
  かごに入れておく
- **ハサミ**
- **セロハンテープ**
  5～6台

ベッドとかイス
とかつくった

おうちの中から作り始めます。囲うパターンとは違うアプローチですね。

こんにちは

作った入り口に、人形をくぐらせてみます。頭がつかえるみたいです。

木片を構築する

どんどんたかく
したい

段ボールの周囲に沿って木片を並べ、積み上げます。どこまで積むでしょうか。

すてきなおうち
できた

ギザギザに切った部分には、積み上げ方に工夫の跡が見えますね。

木片を構築する

家の中にすべり台があり、滑っています。

土地を広げています。最初の平面がちょっと狭かったのでしょう。

構造的に作っています。
屋根を作るのにいろいろ試していました。

高く積むことに目標を持った家です。

三角屋根にこだわって、構造的に作った部分と、三角形の木片を使った部分が混在しています。

おく先生のミニ講義　●子どもの活動を読み取りましょう

★イメージか操作か

作る活動を展開する場合、活動へのアプローチは4通りあると考えらえます。「もの」「操作」「イメージ」「しくみ」です。木片を段ボール板の形に沿って並べていく子どもの場合、ものを並べる「操作」のおもしろさを楽しんでいます。中には「イメージ」を持って塀を作っている子どももいますので、活動は複合的でもあります。事例はおうちの「イメージ」から入りましたが、子どもの活動は大別して「操作」からと「イメージ」からでした。

★5歳児の計画性を見る

「操作」から始めて、最後まで並べる、積むなど、素材と操作のおもしろさにひかれて活動する場合、「操作」が途中で「イメージ」に変換して、形作ろうとする場合、「イメージ」を持って計画的に構築する場合、「イメージ」を持って始めたが途中で「操作」的な活動が中心になる場合など、活動プロセスを読み取り、5歳児の見通しや計画性の発露を見つけたいものです。

★個から広がるおもしろさ

子どもたちは素材がつながり気持ちがつながる瞬間、目を輝かせます。広い場の活動に移ったとき、個と個がつながり、自然発生的に協同が生まれる瞬間を見逃さないようにしたいものです。

広い場で

**2か月後の活動です。
広い場へおうちを運んで置きました。**

基本的な紙操作を確認して、町づくりが始まります。最初は個々の活動です。

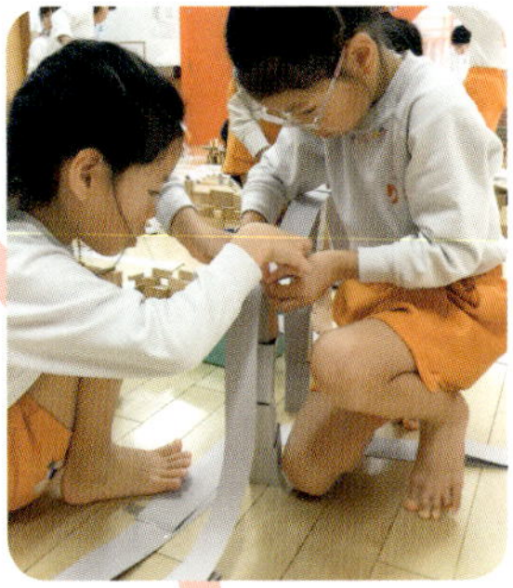

高い場所に道を通しています。いろんな場で協同やコミュニケーションが広がります。

他児への関心も大切なかかわりです。アイデアがわくこともありますね。

完成した町です。段ボールの屋根付きの家や公園もあります。明日も遊びが続きます。

空間で遊ぶ

公園のブランコに乗りました。
揺れるのは楽しいですね。

人形に道を歩かせ、おうちへ行きます。

お友達といっしょ。
楽しい活動ですね。

保育者の援助

活動の継続

子どもの活動ペースは一様ではありません。この日に完成しなかった子どもは、自由遊びの時間やコーナーで活動を継続します。木片で構築した家が完成するまで続けられるような場を保障したいものです。

3歳児 4歳児 5歳児 異年齢

大きないちょうの木

園庭には見上げてもてっぺんが見えない大きなイチョウの木があります。毎年子どもたちが描く絵の中に必ず登場する木です。大きな木を大きな画面に描いてみたい！　四ツ切の何倍もある大きな空間を準備しました。

活動のねらい

- 大きなイチョウの木を協同して描くことを楽しむ。

★活動のはじまり

5歳児

大きなイチョウの木は、園舎の建て替えに伴い切られることになったのです。夏には緑の木陰を提供し、秋には黄金色の葉が美しく、落葉のときには園庭一面に散った葉を子どもたちがポリ袋を持って楽しく拾い集めていました。イチョウとともに1年を子どもたちは過ごしてきたのです。イチョウは大きいから大きいものに描こう。記念に残したいから陶板にすることになったイチョウの木を、力を合わせて描くことになりました。

導入

①イチョウの木について応答する

- 5歳児の活動なので、イチョウの木をどのように描くのかを子どもたちと話し合います。
- 画面の大きさを確認し、イチョウの木の大きさを画面上で確認します。
- イチョウの木のパーツ（幹・枝・葉。緑・黄色・散っている葉など）について応答します。

②協同して描くルールを決める

- 分担するパーツを確認します。
- 絵の具の使い方についての留意点を話します。

大きなイチョウの幹の線描きをスタートします。

準備するもの

- **陶板**
  30cm×30cm。40枚程度
- **陶板用絵の具**
  茶色系、緑系、黄色系　など
- **筆**
  太筆・中筆
- **カップ**
- **画板**
- **シート**
- **ぞうきん**

イチョウの幹や枝葉っぱを描く

線描で木を描き始めます。

保育者の援助

描きたい場所が重なる

協力、といってもまだまだ自分が描きたい場所を譲ることはできません。子どもは広い空間では全体が見渡せません。ちょっと後ろに下がって描ける場所を探すなど、子ども同士で解決できるように少々の仲立ちをしてみます。

【版画になったいちょうの木】

- **画用紙、片面段ボール**
  版を作る
- **ハサミ**
- **のり**
- **版画用水性インク**
  青、ペールオレンジ
- **練り版**
- **ローラー**
- **版画用紙**
- **バレン**
- **新聞紙**

ポイント

大きな紙で描くときは

陶板の大きさは模造紙（4枚）をはりつないだくらいの大きさです。紙に絵を描く場合は、クラフト紙、色画用紙（ロール）、段ボール板などを使うといいでしょう。描画材は絵の具を使います。中濃度から高濃度で溶くと表現にボリュームが出ます。

保育者の援助

場を渡り歩く

場にかかわる活動ではありますが、自分が好きな場を探す活動ではないのです。活動の目標をその子ともう一度確認して、まだ描けていないところをともに探すことや、お友達から「ここまだ描けてないから」と誘いをかけてもらうのもいいでしょう。

もうちょっとで
ぬれるよ

幹がしっかり塗れてきました。

もっとえだを
ふやそう

枝を塗ったり、描き足したり、どんどん茂っていきます。

えだ
いっぱい！

イチョウのてっぺんの枝がみごとです。

ギンナンも
かきたい

夏と秋の葉っぱが同時に存在しています。
葉が枝や幹に付いているようすがおもしろいですね。

大きい木ができた

完成です。陶板ですので、後は焼成してもらいます。

焼成後のイチョウの木。

版画になったいちょうの木

陶板の活動の後、版画でもイチョウの木を表現してみました。

「いちょうだんち」に住みたいヘビさんのお話を作って、紙版画にしました。

版画の版です。画用紙と片面段ボールを使っています。

ヘビさんがとぐろを巻いていますね。どのお部屋に住みたいのでしょうか？

版画になったいちょうの木

ながいへビさんがすんでるの

大きな窓と枝がいっぱいに茂ったイチョウ団地ができました。

どっしりした大木です。ヘビの色がアクセントになりました。

ヘビも青いインクで刷っています。少し薄いですが、片面段ボールの縞がきれいです。

枝の表現がたいへん繊細ですね。重なりがうまく刷れています。

おく先生のミニ講義　●5歳児は共同画を描くことができるのでしょうか

★グループの子どもの発達や個性によって表現の形が異なることがあります

リーダシップが取れる子どもがいて話し合いができるグループでは、テーマに沿ったまとまりのある構図、例えば木なら1本の大木を描きます。リーダー的な子どもが２人以上いると林のようになることもあります。個性的で独自性がある子どもが多いグループでは、基底線（地面の線）が自分の前になることが多く、個々が自分の前から木を描きますので四方から木が茂ったようになることがあります。以上は、筆者の実践研究から導いたものです。

★個の表現の集合体がわかりやすい

この時期の共同は、いわゆる持ち寄り共同的な活動が子どもにもわかりやすいですね。広い空間に描く場合も子どもたちがイメージを共有して、個々が力を発揮して描くことで1つの世界が生まれる活動が望ましいと思います。保育者が下絵を描いて、子どもは塗るだけといった活動にならないようにしたいものです。

3歳児 4歳児 5歳児 異年齢

きっかけから広げよう

テントウムシのおうち

無地の画用紙をもらったけれど、最初の一歩が描きだせない。そんなとき、扉をひとつ開けることで描画の道を開くことができるでしょう。画用紙を自分で楽しい形に変えることは、描きたいイメージを広げることにつながります。

活動のねらい

- テントウムシのおうちのイメージを広げて描くことを楽しむ。
- 楽しんでお話を作り、マーカーでていねいに線描きする。

準備するもの

● **画用紙**

四ツ切

環境構成

画用紙について

活動内容や子どもの状況で判断し、八ツ切でも可です。

● **色画用紙**

八ツ切、16分の1切

黄色・山吹色・橙・青・群青色・藍色・水色・赤紫・薄紫・薄桃・ピンク・赤・黄緑・緑・灰色・黒

色の濃淡を揃える

★活動のはじまり

5歳児

思いっ切り遊ぶ子どもたちの大発見。園庭に「テントウムシ」がいたのです。丸い形、水玉模様がかわいいと大興奮です。絵本や図鑑を調べて、赤地に黒い星7つのナナホシテントウムシが大人気。「テントウムシは害虫を食べるいい虫」、「テントウムシは太陽(天道)に向かって飛んで行くことから名前が付けられた」など教えてくれます。共有する話題をきっかけに、そして扉を開いて描きだすきっかけにと、大好きなテントウムシの住むおうちを描くことになりました。

描き始める

テントウムシがごはんをたべるところ

みんなで囲む机とイスを描いています。

A

導入

①テントウムシのおうちについて

だれが住んでいるか、おうちの構造はどのようになっているかについて応答します。

②きっかけの作り方について

・四ツ切画用紙の下部に入口の扉を作ることを知らせ、切って見せます。

・八ツ切、16分の1切の色画用紙を紹介し、自分で選んで屋根の部分の形や色を考えて切って画用紙にはることを伝えます(この部分は実際にやって見せていません)。

扉と屋根ができたら、扉から入って、マーカーでていねいに描き始めるように伝え、活動を開始します。

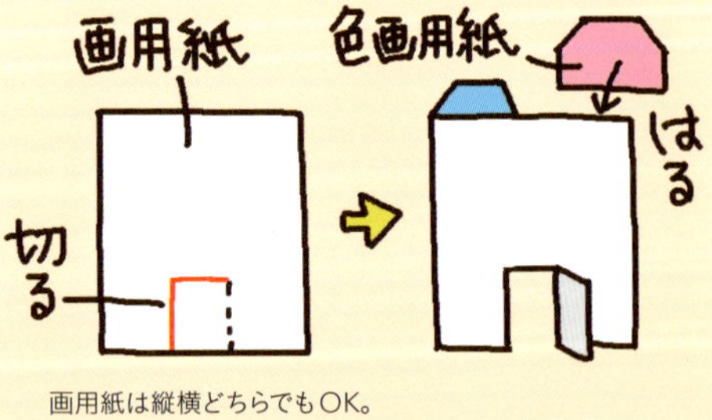

画用紙は縦横どちらでもOK。

- **水性マーカー**
  8～10色（個人持ち、細めのもの）
- **ハサミ**
- **のり**
- **のり台**
- **お手ふきタオル**
- **画板**
- **かご**
  色画用紙を入れる
- **シート**

環境構成

マーカーの太さや色について

・5歳児では細かい表現がしたい子どもが増えてきます。線で描くときはあまり太いマーカーではにじんでしまって、微妙なところが描けないときがあるので、丸芯で細字～中字のものを使用するのが良いでしょう。

・色は8～12色ぐらいが中心です。後で絵の具を使用する場合は油性を使いますが、マーカーだけの場合は水性・油性・耐水性を問いません。

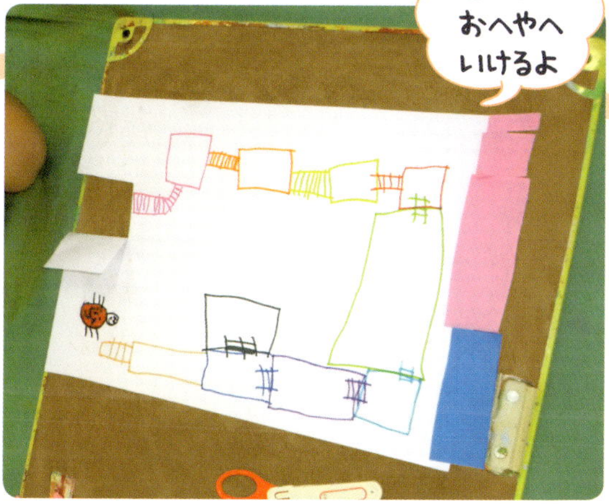
ぜんぶの
おへやへ
いけるよ

テントウムシが入口にいます。部屋を階段でつなぎ、地図絵のようです。 B

おうちのなか
にはベッドや
イスがあるの

上へ登る階段があります。画面の中にもうひとつ家があります。

5
4
3
2

5階建てのマンションです。扉を切らずに描きたかったのです。 C

保育者の援助

上下階の表現は多様です

テントウムシの家ですが、子どもの発想の源は自分の家です。2階建ての家や10階建てのマンションを描きます。大人の概念では下から上へ階層を線で分けるとわかりやすいと考えますが、子どもの発想は発達的な要因もあり多様です。地図絵のように平面的に部屋を増やしていく、箱のような四角形をつないでいく、家の中にもうひとつ家を描くなどが出現します。上下左右の部屋への移動方法などについて描くことを促したりしますが、まず子どもの物語を聞き、多様な表現を受け止めたいものです。

描き始める

テントウムシが
10ぴきいるよ

屋根がありません。どうするのかな。

ぼくのはくろい
テントウムシ

フタツボシテントウのおうちです。黒いテントウムシが大事なのだそうです。

かいだんで
2かいにいけるよ

10匹のテントウムシを描いてから、屋根を付けました。

まどに
カーテンが
あるの

カラフルな13匹のテントウムシがいます。 D

おく先生の ミニ講義 ●きっかけ教材の利用法

★きっかけ部分を子どもが作る場合

テントウムシのおうちの事例がこれにあたります。きっかけが簡単に作れる場合や、対象児が5歳児の場合などに適します。

★きっかけ部分を保育者が作っておく場合

きっかけを発端に描く内容に集中してほしいときや、対象児の年齢が低い場合などに使用するとよいでしょう。

★きっかけ教材とテーマの関係

テントウムシのおうちは文字通りのテーマ有りの活動です。子どもたちが保育を通してイメージを共有している場合はテーマがあることできっかけが生かされます。扉を作って「扉を開けたらどこへ来たの?」「扉の向こうには何があるの?」という導入の場合は、描く内容を子ども自身が決定する自由画題になりますので、イメージの幅が広くなり描画の内容がひとりひとり異なります。

保育の流れや子どもの姿を的確にとらえて活用しましょう。

完成　こんなおうちに住んでいるよ

お部屋ごとに色を塗り分けました。A

迷路のようですが、カラフルな部屋です。B

ベッドやおふろがあります。C

屋根がドームのようでかわいいですね。
キッチンが1階にあります。
おうちに羽がありますね。

テントウムシの家なので、水玉模様になったのだそうです。

家の横にある紫のものは、テントウムシの羽です。
おうちにも羽があるのだということでした。
D の完成形です。

3歳児 4歳児 5歳児 異年齢

変形紙から広げよう

すてきな傘

いつもの紙とは違う紙で描いてみよう。しかけとは少し違って、紙の形が変わっているのです。円形の紙も変形紙、傘に見立ててすてきな模様を描いてみたい。絵の具でカラフルな模様を描くことにしました。

活動のねらい

● 傘に模様を描くことを楽しむ。

★活動のはじまり

3歳児 4歳児 5歳児 の異年齢

『かさのうた』(作詞/おうち・やすゆき　作曲/宇野誠一郎)という歌が子どもたちは大好きです。傘の柄のような棒を見つけては傘のように持って、ミュージカルのように踊っています。「傘を作って踊ってみる?」と投げかけると「うん、作りたい」。そこで、すてきな傘の模様を考えることにしました。

導入

①円形の紙を傘に見立てて、傘の模様をイメージできるよう応答する

・どんなものを模様というのか話をします。

・踊りたくなるようなすてきな、かわいい模様を考えます。

②絵の具と傘についてお話する

・絵の具の色を紹介し、使い方を簡単に確認します。

・傘の色が7種類と、大きさが3種類あることを知らせます。

③活動開始までの流れ

・同じ色を選んだ子どもが1か所にまとまって座るように導きます。

・全員場所に着いたら、木工用接着剤で傘の芯をはるように伝えます。

・絵の具を運び、芯をはった子どもから描画活動を始めます。

傘の色を見せています。

準備するもの

【傘の模様を描く】

● **円形の色画用紙**

大・中・小の3サイズ

大は、四ツ切の長いほうの辺を直径にしたもの

最小でも子どもがさすと体が隠れるサイズ

赤・青・黄色・黄緑・ピンク・橙・水色

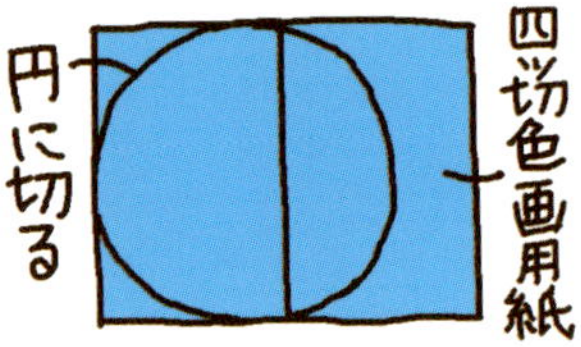
円に切る
四ツ切色画用紙

2枚をはり合わせて円をとります。

傘の模様を描く

かさのもよう かいてるの

模様かな?　絵かな?　中心近くの黒と黄色の棒状のものが傘の芯です。(3歳児)

● **絵の具**

1グループに3色
- 橙・うす橙・薄紫
- 橙・ピンク・メロン色
- ピンク・クリーム色・メロン色
- うす橙・山吹色・黄緑
- 橙・ピンク・水色
- 薄いピンク・濃いピンク・薄紫
- 橙・ピンク・エメラルドグリーン

などを中濃度に溶く

● **筆**

中筆

● **傘の芯になるプラスチック材**

ボトルキャップ、ストローなどでも可

● **木工用接着剤**

● **画板**

● **シート**

【傘を作る】

● **厚紙**

傘の柄の部分

● **Lサイズの紙コップ**

1人に2個

● **布テープ**

● **ビニールテープ**

いっぱいあめが
ふってきた

点々の模様。どんなふうに展開するのかな。（5歳児）

ウサギが
たくさんいるよ

ウサギの模様です。かわいい傘ができそうです。（4歳児）

面で塗りつないでいきます。（5歳児）

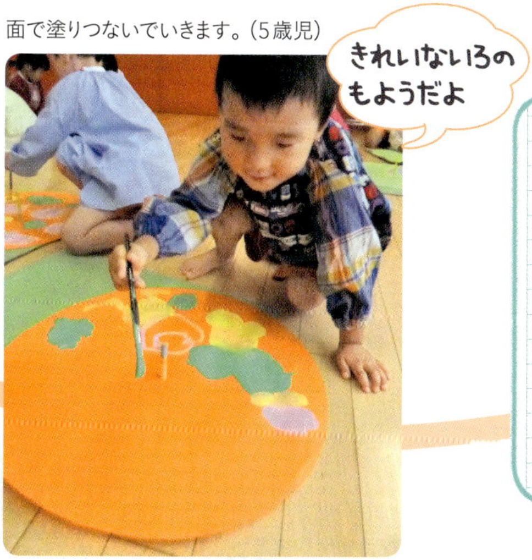
きれいないろの
もようだよ

ポイント

楽しい変形紙のいろいろ

こんな紙も楽しい活動になります。（四ツ切画用紙ぎりぎりの大きさに形を取るとよい）

●豆のさや　●お鍋　●サンタさんの袋

二つ折りを開けて使う　カレーやシチューを作るつもりで　欲しいプレゼントを描く

描き始める

すてきなかさで
はやく
おどりたいなぁ

このような隊形で描いています。（4・5歳児）

チョウチョのもよう
きれいでしょ

しっかりデザインになっています（4歳児）

いっぱいあめが
ふってるの

雨降りと虹を描いています。（4歳児）

ぜんぶ
ぬりたいなぁ

傘の芯が中心から遠くにありますね。パステルカラーできれいです。（3歳児）

おく先生の ミニ講義　●変形紙を使う意義

★見立てる・つもりになることが大切です

すぐにつもりになる子どもがいる反面、保育者が丸い画用紙を「お皿」と言っても「紙」、と現実的に返してくる子どももいます。保育者は見立てやつもりの世界を楽しめるように、保育者自身がつもりの世界をつくることで、「この世界で遊んでみたいな」と現実的な子どもたちもイメージの世界に入ってこようとするでしょう。

★どのようなときに使うのでしょうか

四ツ切画用紙のように真っ白で四角い画面と対峙《たいじ》してはじめの一歩がなかなか描きだせない子どもがいる場合や、いつもと違う紙に出会うことでイメージを広げてほしい場合。また、事例のようにイメージに合わせた形の紙にする場合などに使います。四ツ切や八ツ切の定形の紙とは違った空間のとらえ方が生まれ、描く内容のイメージを持ちやすくする効果があるでしょう。これをきっかけに四ツ切の空間でも自分の世界がつくれるようになるといいですね。

その後の活動

みんな集合。開いた傘がとても華やかです。

傘を持って思い思いに踊ります。

ポイント

傘の作り方

①2つの紙コップを切り、ビニールテープで留める

②厚紙を巻いた柄に①をさして、留める

③模様を描いた傘を②にはり付ける

※ 傘は保育者といっしょに作りました。

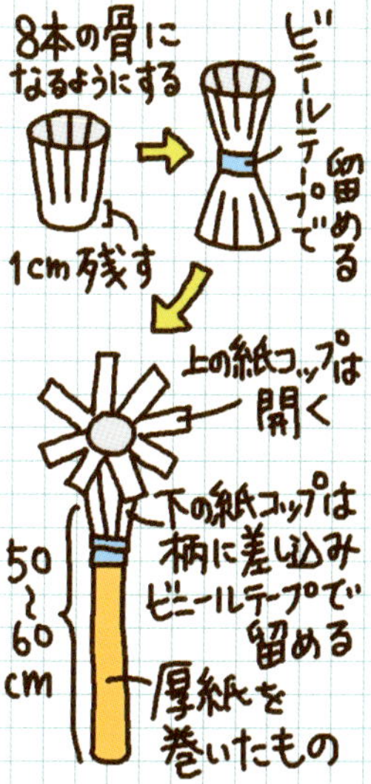
8本の骨になるようにする
ビニールテープで留める
1cm残す
上の紙コップは開く
下の紙コップは柄に差し込みビニールテープで留める
50～60cm
厚紙を巻いたもの

いい傘やね

お店のおばちゃんとお話します。

保育者の援助

その後の活動へつなぐ

傘を持ってミュージカルのように踊りたい、という子どもの言葉から始まった傘の活動です。子どもといっしょに傘に柄を付けると、今度は雨の日にさしたいと言ってきました。踊ることが目的だったので画用紙、絵の具という素材で困りましたが、夏に向かう時季、「日傘なら」という急展開で日陰を作る、お散歩にさして行くなどの楽しい活動が生まれました。子どもたちと話し合いながら進めるのは寄り道も多いですが、楽しい活動を見つける良い方法ですね。

日傘でお散歩。楽しいですね。
(3・4・5歳児)

風が吹いてきた。飛んでいくのが心配です。

3歳児 4歳児 5歳児 異年齢

夢を広げる
オリジナルの種

種が成長して実がなり、種を収穫できることがわかったけれど、自分が考えたものができる不思議な種があったらいいな。オリジナルの種を、どんな形にでも変化する紙粘土で作ってみましょう。

活動のねらい

- 想像力を膨らませてオリジナルの種を作ることを楽しむ。
- 紙粘土の特性を知って作る。

★活動のはじまり

3歳児 4歳児 5歳児の異年齢

ある日クラスの入り口に20個以上の瓶が置かれていました。中には小さな種、見たこともない種などが入っています。異年齢クラスの活動で、種まき→園庭や散歩で出会う植物や日ごろ食べている果実の種探し→見つけた種の分類→種で絵を描いたり飾ったりするなど、興味・関心を深めてきました。「好きなものができる種があったらいいのにね」ということで、自分だけのオリジナルの種を作ることになりました。

導入

①自分が作りたい種をイメージできるように応答する

・種の大きさや形について応答します。

②紙粘土の特徴を伝える

・形を作るとき、乾燥後に取れないように接合面をしっかりなじませることを知らせます。

・乾燥後に絵の具で着色することを伝えます。

準備するもの

- **紙粘土**
  ひとり50g～100g
- **粘土ベラ**
- **粘土板**
  画板を使用
- **絵の具**
  14色程度（赤・ピンク・朱色・橙色・黄色・山吹色・クリーム色・薄緑・黄緑・水色・青・紫・黒・白　など）中濃度に溶く
- **筆**
  中筆・細筆

種の活動から

ゴーヤのたね、エンドウマメのたね、カキのたね？

種を採る試みです（なぜか柿の種がある）。

保育者の援助

種への興味・関心を事前に十分に持つことが大切

どのような題材でも導入時にその活動への興味・関心を子どもたちが持つように、保育者は工夫します。それだけでなくこの活動のように種への興味・関心を事前に深めておくと、種への思いが共有されて取り組む意欲が高まります。

- **発泡トレイ**
  絵の具の彩色用
- **紙皿**
  展示用
- **マーカー**
  紙皿に模様を描く
- **砂**
  種まき用（展示も含む）
- **ぞうきん**

ポイント

紙粘土の彩色について

・紙粘土の彩色では、粘土に絵の具を混ぜ込む方法と、乾燥後上から塗る方法があります。後者のほうが、子どもが思う色に仕上げることができます。

・紙粘土は作ったものに彩色する場合、粘土が乾燥してから色を塗ります。この活動では3日後に彩色しました。

・子どもの人数が多い場合でも、絵の具は1セットの準備で、コーナーなどで順次使うのもおすすめです。

種を分けて展示中。どんどん増えていきます。

いろいろな
たねができた

壁面の木の枝にいろいろな種を実らせています。

紙粘土で種を作る

このたねみたいに
つくりたい

自分たちで作った種の標本帳を見て考えます。（3・4・5歳児）

紙粘土で種を作る

おおきいたねをつくってる

ぎゅうっと固めたり、大きく丸めたりしています。（5歳児）

小さいけれどきれいな球ができました。
できたものはまったく違うイメージのものでした。（5歳児）

絵の具で彩色する

きれいないろのたね

手で持って塗ったほうが塗りやすいようです。（3歳児）

どのいろにする？

絵の具の場で塗っています。トラの種？（5歳児）

きょうりゅうのたね

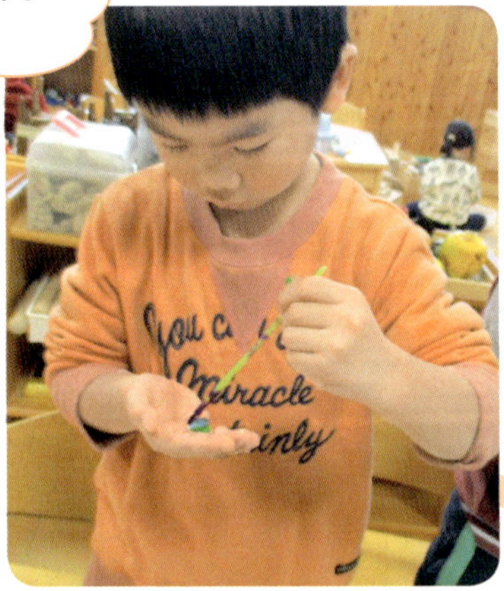

小さい種をていねいに。立ったほうが塗りやすい。（4歳児）

できた！

慎重に渡そうとしています。（3歳児）

完成　オリジナルの種

トラの種。どんなトラが実るのでしょう。（4歳児）

ティラノサウルス、トリケラトプスの種。種の色や形がすべて違うのですね。（4歳児）

メロンジュースの種、メロンケーキの種、メロンの種。おいしいジュースの種です。（3歳児）

うめぼしができる種。いきなりうめぼしが実ると便利ですね。（5歳児）

オリジナルの種は個性豊かです。靴の種（5歳児）、チーターの種（5歳児）、しましまのブドウの種（3歳児）、にじの種（5歳児）、レモンジュースの種。（3歳児）

おく先生の
ミニ講義　●素材としての「種」、テーマとしての「種」

★素材としての「種」

造形はものにかかわり、ものを変化させる行為です。ものとは素材のことで、「種」を造形素材として見ると新たなものとの出会いが生まれ、子どもたちは種を使って絵を描いたり構成したりして遊びます。子どもが種に働きかけるのですが、種の形状（点材）や色や固さ、数量など種が持つ素材としての力も子どもに表現を促しているとも考えられます。ものとの出会いが表現へ、大量のひっつきむしの活動（P.152『ひっつきむしで飾る』）を参照してみてください。

★テーマとしての「種」

事例の一連の活動は種のプロジェクト的な活動で、中には種そのものでの造形活動も含まれていますが、「オリジナルの種」はテーマとしての種の活動です。テーマとしての種では保育者の援助に書きましたように、事前の活動や保育の流れの中で、思いやイメージを共有しておくことが重要です。もちろん、素材として種と出会う場合も、事前の活動は表現とリンクしますので、事前活動は有効だといえるでしょう。

5章 イメージを広げる④

3歳児 4歳児 5歳児 異年齢

なにのたまご？

石からイメージを広げる

丸くてすべすべして、ちょっと重くてひんやりした「たまご」。何のたまごでしょうか？　「恐竜のたまご?」「このたまご、石みたい」。正体は石なのですが、この石が表現の扉を開けてくれるのです。

活動のねらい

- つもりや見立てからイメージを広げる。
- 自然物と雑材を組み合わせて作ることを楽しむ。

★活動のはじまり

3歳児 4歳児 5歳児 の異年齢

春ごろからずーっと部屋にあった「たまご」(石です)。子どもたちはときどき見ては「恐竜のたまご?」「ヒヨコが生まれる?」と触ったりしていましたが1か月も変化がありません。「温めたら生まれるのと違う?」という子どもの言葉で、保育者が温めると5cm→7cm→10cm、3日後には30cmの大きさに。まだ生まれないね、何が生まれるのかな？　と子どもたちはワクワクしています。

ぞうぐみさんに小さなたまごがありました。

たまご、こんなに大きくなりました。

準備するもの

- **石**
  段階的に大きくなるように4個程度。最大の石は約20cm×30cmの楕円に近いもの

【描く】

- **しかけの画用紙**
  四ツ切の画用紙と灰色の色画用紙を同じ形に切り、割りピンで留め、開閉できるようにする(写真参照)
- **マーカー**
- **画板**

導入

描く活動の導入では、以下の2点がポイントになります。

①しかけのある紙でつもりになる

「これ何かな」と卵のような形の紙を子どもに示し、灰色の色画用紙をそっと開けます。「たまご」という言葉が返ってきたら次へ。

②生まれるものをイメージできるように応答する

- 「何が生まれるの」という問いに「恐竜」「ヒヨコ」「ヒツジ」「ウサギ」「先生」。イメージができたら、活動のスタートです。
- 子どもたちは個人持ちのマーカーを準備して画板の前に座った状態でお話を聞きます。卵をもらった子どもから描き始めるように伝えましょう。

ポイント

石はどこから？

石は河原から拾ってきました。「石」から活動が始まりました。最初の1個は園にあった石ですが、徐々に大きくなり、最後の巨大な石まで、保育者が河原へ拾いに行きました。大変？　ですが、子どもたちが驚く顔を思い浮かべると、楽しい教材収集の時間だったようです(川がない、石がない場合は、園芸用品店やホームセンターで入手)。

【作る】

● 石

ひとり1個
約5cm×10cmの楕円形に近いもの

● スポンジ

クリーム色・ピンク・水色・エメラルドグリーン　など
1cm角×3～5～7cmの長さに切っておく

● デコレーションボール

4～5色

● ボタン

多様な種類

● ビーズ

直径約5～10mmのもの

● 木工用接着剤

小さな容器に入れて、2～3人に1個

● 容器

グループ数の分。スポンジ・ボタン・ビーズ・デコレーションボールを入れる

● 画板

● お手ふきタオル

保育者の援助

木工用接着剤の便利な準備のしかたは？

よく使う木工用接着剤はポリプロピレンあるいはポリエチレン製の小さな密閉容器に入れておくと便利です。2人に1個程度準備して、かごなどに整理して入れておくとすぐに提供できます。コーナーでの使用にもおすすめです。

描く
何が生まれるのかな？

きょうりゅうが
うまれた

灰色のギザギザの線は、たまごにひびが入ったところです。（4歳児）

ペンギンが
いっぱいいるよ

4羽も生まれるのです。マーカーでていねいに塗っています。（5歳児）

恐竜がいっぱい。巨大な恐竜や翼竜がいます。（4歳児）

大切なたまごです。黄色の面と赤と茶の線がきれいです。（4歳児）

たまごをみんなで
まもっているの

作る
どの赤ちゃんにしようかな

導入

作る活動の導入では以下のことに留意しましょう。

①ひとりひとりが「赤ちゃん」を見立てることができるようにする

ひとり1個の赤ちゃん（石）があることを伝え、どんな赤ちゃんが生まれたかを聞きます。赤ちゃんたちがみんなに早く会いたくて、慌てて目や手足を付けてくるのを忘れてきたので付けてあげるように導きます。

②素材を示す

スポンジ（線材）とボタンやビーズなど（点材）があることを示し、2〜3人で共有する接着剤を素材に付けて石（塊材）にくっつけることを伝えます。

グループごとに素材と接着剤を配ってスタートします。

このあかちゃんにする

真剣に選んでいます。

ポイント

点材・線材・塊材

大きな硬い石とやわらかいスポンジ。何かミスマッチですが、温かみも感じます。ここでは、素材の形に特徴があります。ボタンやビーズは小さな点、点材です。スポンジは細長く切っていて、線状ですので、線材。石は塊。塊材といいます。点、線、塊。造形要素を意識した素材の準備ですね。

作り始める

小さくてカラフルな素材がいっぱいあります。（5歳児）

せっちゃくざいは
ちょっとだけ

ていねいに接着剤を付けています。（5歳児）

保育者の援助

接着剤は指で塗るの？

- 接着剤の感触をいやがる子どもがいます。この接着剤は基本的には指で塗ります。手指に付いたものはお手ふきタオルでふくように伝え、少しずつ慣れていくようにしましょう。たくさん付けすぎるとかえってくっつきにくくなるので注意。
- 怪我などで直接触れない場合は、厚紙のへらなどを作って使うようにします。

ポイント

イメージが途中で変わるのはなぜ？

「もの」からイメージして作るプロセスで、始めはヒヨコと言っていたのに、途中からハリネズミになっていた、という場面に出会うことがあります。作るプロセスで「そう見えた」のです。見立ての変化がイメージの変化へ。もちろん、最初のイメージに近づけるために壊してしまう場合もありますが、完成までにいくつもの道筋があるのです。

スポンジやボタンで顔や体を作っています。薄緑のスポンジを選んで。（4歳児）

完成　生まれたよ

ヒヨコ。石の周りのデコレーションボールがかわいいですね。（5歳児）

カエル。今にも跳びはねそうな脚です。（5歳児）

カメ。緑の点々をうまく配置しています。すてきなカメさんです。（5歳児）

ハリネズミ。チクチクする針をいっぱい付けました。（4歳児）

ハムスター。おしりがちょっと上がって動きがあります。（5歳児）

小鳥の赤ちゃん。お顔がユニークで楽しい小鳥さんです。（4歳児）

ヒヨコ。素材をくっつけることが楽しかったようです。（3歳児）

おく先生の ミニ講義　●イメージを共有することが、表現を豊かにする

「このたまご、石みたい」。石ですから、疑いはもっともです。すぐに思いの世界に入れる子ども、現実的にものを見る子ども、現実をわかっているけれどイメージの世界で遊べる子どもなど、年齢、発達、個人差などがあります。3歳児はつもりになることも早いのですが、「石みたい」と、すなおに発言する子どもが出現することもある、4歳児は意外と思いの世界を共有して個々でも楽しむ、5歳児は「石みたい」と思っていてもこの世界で遊ぶことを共に楽しもうとする、というのが大まかな傾向です。

イメージの共有がクラスのワクワク感を広げ、表現を豊かにおもしろくする原動力となるのです。

3歳児 4歳児 5歳児 異年齢

物語をつくる

絵本

ひとりひとりが自分の物語をつくる小さな絵本や子どもたちが力を合わせてつくる大きな絵本。お話のイメージが絵になる絵本や、描いた絵からお話が生まれる絵本など、物語からイメージを広げましょう。

活動のねらい

- 自分のイメージを絵にすることを楽しむ。
- お話からイメージを広げて、絵本を作る。

準備するもの

【小さい絵本、ちょっと大きい絵本】

- コピー用紙

  小さい絵本
  …A5サイズを半分に折る（A6サイズの冊子）

  ちょっと大きい絵本
  …A4サイズを半分に折る（A5サイズの冊子）

※ 表紙・見開き3ページ・裏表紙の構成です。

- マーカー、色えんぴつ　など
- ハサミ
- ホッチキス

★活動のはじまり

5歳児

【小さい絵本、ちょっと大きい絵本】

コーナーで自由画帳に好きな絵を毎日描いている子ども、お絵かきより積み木やパズルが好きな子どもなど、自由な遊びの選択にも個性があります。おうちでも絵を描く機会が少なくなった子どもたちに、短時間に1枚でも描くことができ、継続したことが見える形式で、自分でも作れる小さな本を作成することにしてみました。

【大きい絵本】

種の活動を展開しているクラスで、生活発表会に使うお話『たねたろう』を作りました。『ももたろう』の準拠版ですが、本番で読むつもりでみんなで絵本を作った活動です。

導入

①絵本について応答する

・子どもが抱く絵本のイメージを聞きます。

・絵本のページ（表紙・お話の展開・裏表紙）とお話の進行について話します。

②描く内容と描画材について応答する

・個々がどんなお話にするか考え、タイトルを決めます。

・1ページずつ時系列で描いていくことを伝えます。

・使う描画材を知らせ、絵で描くことを伝えます（字は後から書きます）。

・絵本の冊子を手渡し、活動をスタートします。

※ ここまでは一斉で導入をしておき、本時以降はコーナーや自由遊びの時間に続きを描いてよいことも伝えておきましょう。

小さい絵本 描き始める

『たねたろう』の小さい絵本を作ろうとしています。前に作った大きい絵本を見ています。

保育者の援助

字はいつ書くのでしょう？

全ページの絵が描けたら、字を書き入れます。まず、保育者が子どもからしっかりとお話を聞いて把握しておくことが大切です。ページのどこに書くかを確認して、自分で書ける子どもは自分で、書けない場合は保育者が書き込みますが、絵だけでも成立します。

【大きい絵本】

- 白ボール紙(A3サイズ)
  ページの枚数分＋背表紙
- 千代紙(A4サイズ)
  表紙、裏表紙にはる
- 油性マーカー
- 絵の具
- 筆
- パレット
- 筆洗い
- ぞうきん
- 両面テープ
- 木工用接着剤

ポイント

絵本の作り方

小さい絵本

大きい絵本

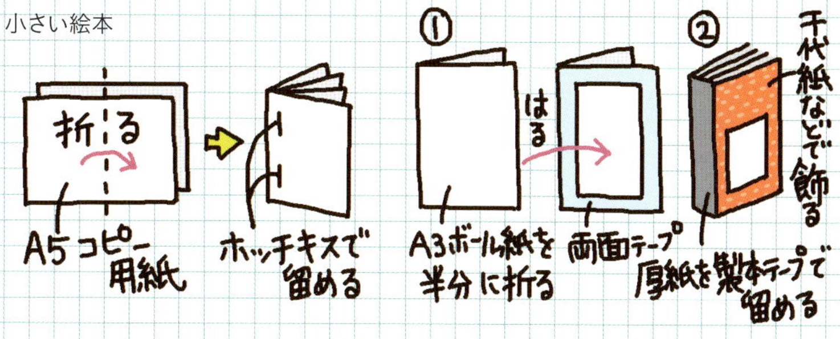
折る
A5コピー用紙
ホッチキスで留める
①
A3ボール紙を半分に折る
はる
両面テープ
②
千代紙などで飾る
厚紙を製本テープで留める

※ちょっと大きい絵本はA4コピー用紙で作ります。

①を繰り返して冊子にする

これはわたし

女の子を描き始めました。2人とも自分でしょうか。自由画帳とは違った展開になるのでしょうか。マーカーを整理しておくようにすれば、描きやすくなります。

恐竜や女の子など、それぞれの物語になってきました。

おはなしの
つづきは
どうしようかな

サクラのきが
ありました

お話が展開してきたようです。

保育者の援助

2冊目を描きたい

新しい「小さい絵本」の冊子を渡して、どんなお話にしたいかを聞いておきましょう。

もっと詳しく描きたい子や、大きい方が使いやすい子どもには「ちょっと大きい絵本」の冊子を渡しましょう。

2冊目は自分で冊子を作ることもすすめてみましょう。「絵本の作り方」を参照してください。

完成　小さい絵本　『たのしみがいっぱい』

1ページ目：これはわたしのおうち。

2ページ目：もうすぐあかちゃんがうまれるの。わたしおねえちゃんになるの。

3ページ目：そして4がつからはしょうがくせい。たのしみがいっぱい。

『おさんぽにいったよ』

1ページ目：とちゅうでプラネタリウムをみにいきました。

2ページ目：プラネタリウムがおわって、かいだんをのぼってドアをあけると…

3ページ目：うみでした。カメさんといっしょにあそんでおだんごをもらいました。

裏表紙：とてもおいしいおだんごでした。

ちょっと大きい絵本　『くるまくん』

1ページ目

2ページ目

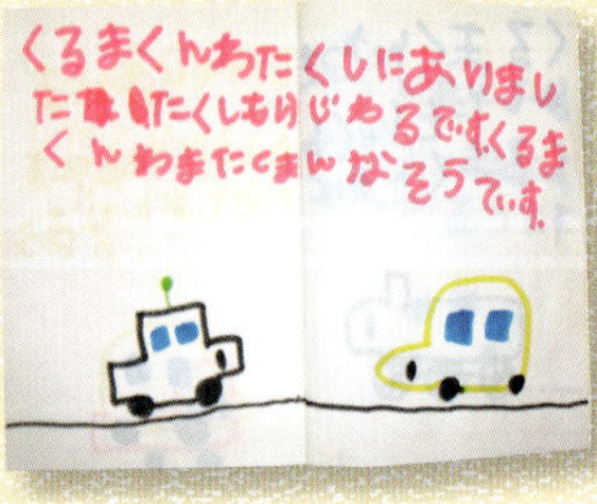

黄色いくるまくんが次々と違う車に出会っていくお話です。

3ページ目

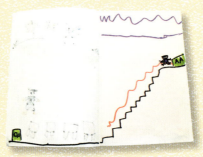

完成　ちょっと大きい絵本　『おはなし』

1ページ目：『おはなし』というお話です。
どんどん食べられていく怖いお話です。

2ページ目：ワニに魚が食べられています。

3ページ目：全部食べてしまいました。
最後にワニは仲間を食べて逃げてしまいます。

大きい絵本

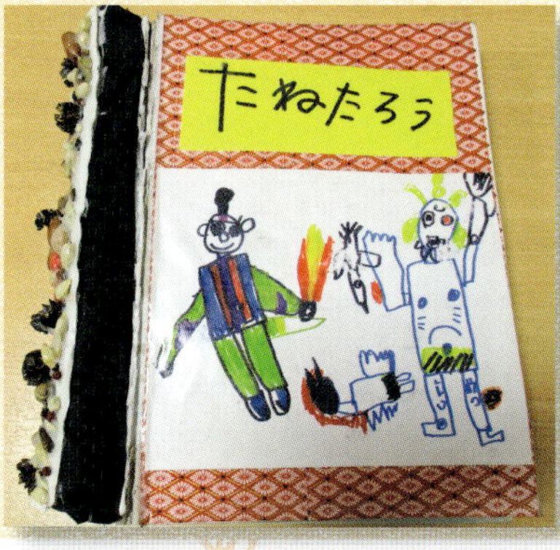

『たねたろう』の大きい絵本です。

『たねたろう』の一場面。お話が書かれた白いカードは取り外せます。

おく先生のミニ講義　●絵本と紙芝居

絵本と紙芝居は保育現場でよく使う教材です。保育者が使用するだけではなく、子どもが使ったり作ったりして楽しみます。絵本は読む、紙芝居は演じるといい、体裁や構成に違いがあります。

・絵本の表面は絵と文字でできている。ページをめくることで物語が進行する。絵本と対面して読む。

・紙芝居の表面は絵、文字は裏面。絵を抜くことで物語が進行する。紙芝居の裏面が自分の方向に向く。

どちらも楽しく自分で作って読んだり演じたりしますが、少数のお友達に見せたいときは絵本のほうが同じ方向を向いて読め、話題を共有しやすいでしょう。紙芝居は少し大勢のお友達に向かって舞台に入れて演じると、みんなに見てもらう充実感が得られます。環境の中に簡単な紙芝居の舞台があると活用しやすいでしょう。

ひっつきむしで飾る

みてー、くっついた

「おもちゃで遊ぶより楽しいね」。この活動での子どもの言葉です。自然物を造形素材にした遊びは楽しいものです。園のお庭にはひっつきむしがいっぱい。アレチヌスビトハギです。ひっつきむしをくっつけたらどんな模様のお洋服ができるでしょうか。

活動のねらい

- ひっつきむしをくっつけたり並べたりして飾ることを楽しむ。

★活動のはじまり

3歳児

秋、園庭でひっつきむしを見つけました。わざとくっつくところを歩いてみたり、自分でくっつけたりして楽しんでいます。保育室に戻って服を着替えるときに、ひっつきむしを全部取るのは大変です。そこで発見。ひっつきむしが模様だったらいいのにね。ということで服をひっつきむしで飾ることになりました。園庭のものだけでは足りないので、近くの公園のひっつきむしをみんなで採ってきたのでした。

導入

①ひっつきむしについて

ひっつきむしを子どもたちに見せて、見つけた場所や遊び方を聞き、服にくっつくことを共有します。

②服を飾ることについて

・服の形の布を見せて、ひっつきむしはくっつけたり、外したりすることができることを確認し、ひっつきむしで服に模様を作ろうと提案します。

・ひっつきむしを枝から外すときのコツや、ひっつきむしを1個ずつちぎって使えることなどを伝えます。

イスに座った子どもから、欲しい色の服とひっつきむしを配り、活動がスタートします。

ひっつきむしを枝から外します。

準備するもの

●ひっつきむし

発泡スチロールの塊に枝のままさしたものをひとり1個準備する

くっつける・並べる

ひっつきむしを枝から外します。

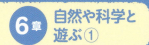

● 発泡スチロールの塊

人数分

● 服の形に切った布

A4サイズ大(白、クリーム色、ピンク)

● 厚紙

布をはる台紙

● 両面テープ

ポイント

「ひっつきむし」って?

かなり多くの種類があり、「ひっつきむし」はその総称です。今回は「アレチヌスビトハギ」を使います。できたてのやわらかな実も、乾燥しすぎた実もくっつきにくいです。

保育者の援助

布の服を準備する

- 綿の布を使用します。布を厚紙などで裏打ちしておくと扱いやすいでしょう。裏打ちは木工用接着剤などではると後で紙が反ってしまうことがあるので、厚紙の周囲に両面テープをはって、布をはります。
- 服の形は、基本的にはTシャツ型で、首周りやわきのラインに変化を持たせています。子どもたちからは、「ズボンの形が欲しかった」「パンツはちょっと恥ずかしい」などの意見がありました。

うまく
はずれるかな

くっつけることに懸命です。

きれいに
ならべてる

服の下方にきれいに並べ始めました。A

つぎはこれ!

並べ方が変化しています。最後はどんなデザインになるか楽しみです。B

保育者の援助

小さな素材、細かい作業は、机とイスで!

小さな画面に小さな素材をくっつけていきますので、この活動はイスに座ってていねいに表現することが望まれます。活動の場の選択や姿勢は表現に大きく影響するのです。

模様を作る

角をマークして、
バランスよくはっていきます。C

ここにも1こ
つけて

C の服の展開。模様になってきました。

袖と中央にラインがあります。これも模様ですね。D

すてきでしょ!

D の進行形。ちょっと着てみたよ。

こんな姿も見えたよ

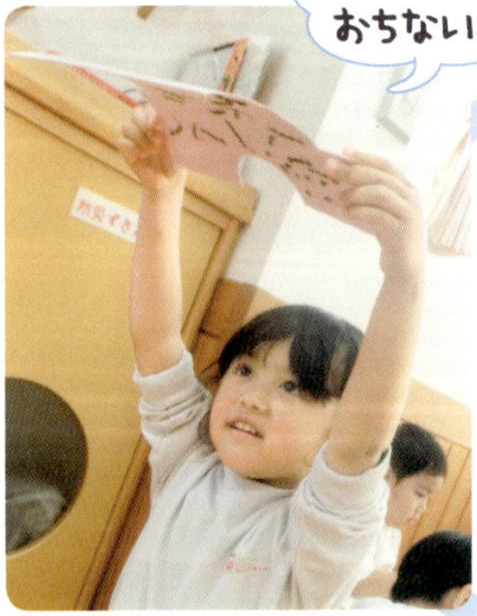
くっついて
おちないよ

ほんとうにくっついているのか逆さにし
て試しています。

なかよしの
おふくになった

2つくっつけてみました。おもしろい形になったよ。

みてみて

もうくっつけるスペースがありません。
とってもうれしそうです。

完成 ひっつきむしの模様ができたよ

縦、横、斜めにひっつきむしを並べてはりました。いいデザインですね。 A

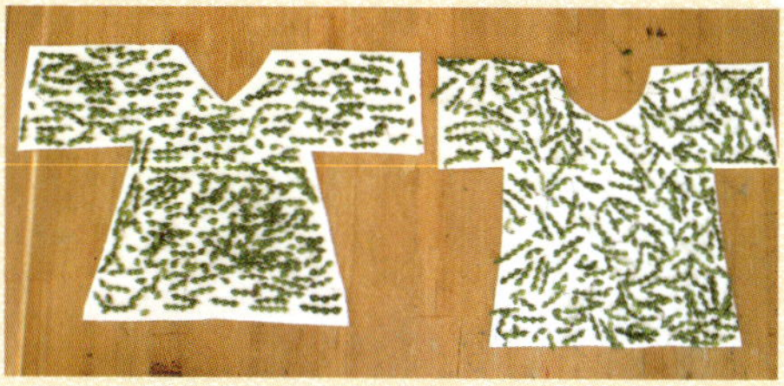

空間いっぱいにはった服です。
よく見るとひっつきむしのはり方に個性があります。

4個つながったもの、1個ずつにちぎったものなど、素材の大きさを変えました。大胆な模様になりました。 B

パラパラとはったり、つないだり。真ん中の塊に集中しました。

全体にバランスよくはりました。フワフワとただよっているような模様です。

おく先生のミニ講義 ●ひっつきむしのデザインを見分けましょう

3歳児がTシャツ型の画面にひっつきむしでどのような模様を描くのでしょうか。デザイン、飾る活動ですが、おおむね3つにグルーピングすることができます。

①くっつけることに最も興味を持つ

②並べたり、集めたり、意味をつけたりして楽しむ。

③服の形の画面を意識してデザイン的にくっつける

この活動では、③はわずかでしたが、①、②はほぼ同じくらい出現しました。活動終盤では①②のパターンの子どもたちはほとんどが、③のパターンの子どもはわずかでしたが、全面ひっつきむしで覆いました。5歳児の場合は模様や配列を最後まで崩さず完成させる子どもが多いのです。3歳児の活動の特徴がよく表れていますね。

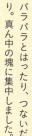

3歳児 4歳児 5歳児 異年齢

プールの中を見てみよう

泳いでいるみたい

油性マーカーで泳いでいる自分たちを描いた透明シートに太陽の光を当てて、水色の紙に映します。よく見ると水の表面の揺らぎのように見え、プールで泳いでいるように見えるのです。不思議な経験をしてみよう!

活動のねらい

- 透明シートにプールで泳いでいるようすを描く。
- 光を通して映すことで泳いでいるように見えることを楽しむ。

準備するもの

- **油性マーカー**
  カップに4〜5色ずつ入れ、3〜4人に1カップの割り合いで置く
- **画板**
- **透明シート**
  人数分。B4サイズの画用紙とラミネーターで作る
- **小さいプール**
  4〜5個。B4サイズ大の透明のバットと箱、青系の色画用紙で作る
- **太陽光(窓から差し込む光)**

★活動のはじまり

3歳児 4歳児 の異年齢

色を作る試みをしたとき、できた色水を太陽にかざして見ていた子どもたちがいました。子どもたちは光にかざすと色が違った感じに見えることに気づいているのです。夏にプール遊びを十分楽しんだので、太陽の光を通すことで描いた自分やお友達がプールの水の中で泳いでいるように見えたらおもしろいと考え、透明シート、油性マーカー、太陽の光と簡単な装置(箱をプールに見立てたもの)を準備しました。太陽の光の力を知っている子どもたちはどのような反応を示すでしょうか。

透明シートに描く

透明シートをもらったら、まず透かしてみます。楽しそうですね。

導入

①プールで泳いだことについて話し合う

・園でのプール遊びや、夏休みに家族と行ったプールなどについて応答します。

・プールの下(水の中)が見えたかについて聞きます(目を開けていたから見えたという意見、見えなかったという意見有り)。

②小さなプールと出会う

・プールの中が見えるように透明シートを準備したことを伝えます。

・小さなプールを見せ、だれもまだ泳いでいないから泳がせてあげようと誘います。

画板の前に座り、透明シートと油性マーカーをもらい、描き始めます。隊形はランダムです。

透明シートと小さいプールを子どもたちに紹介します。

ポイント

透明シート、小さいプールの作り方

透明シート

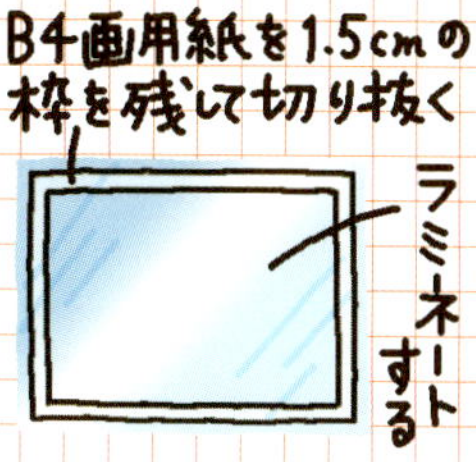
B4画用紙を1.5cmの枠を残して切り抜く
ラミネートする

画用紙を切り抜き、ラミネートする

小さいプール

クッキーなどの缶に入っている仕切り
B4大の透明バット
水色の色画用紙を両面テープで留める

透明のバットに、箱を入れ色画用紙を箱にはる

保育者の援助

プールにプールを描いた！

透明シートをプールに見立てたのですが、プールの中に四角いプールが描かれることがあります。円形の画用紙を顔のつもりで渡したら、中にもうひとつ顔の輪郭を描いたことはありませんか。3・4歳児の描画に見かける表現で、描く内容を理解はしているが画面の見立てとつながっていない場合があるのです。この時期の描画として寛容に受け止めましょう。

おともだちと
およいだの

プールにプールの枠を描きました。かわいい人が泳いでいます。（3歳児）

うきわで
およいだよ

家族でプールに行き、とても楽しかったようです。（4歳児）

おおきい
おかおかいた

いきなり顔が出現。本人は自信たっぷりに描いています。（3歳児）

きいろで
ぬるのは
おしまい

どんどん塗ってしまっています。どうなるのかな？（3歳児）

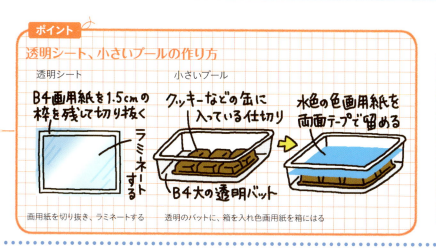

透明シートに描く

ここで
およいでるの

小さいプールが5個。それぞれに人が泳いでいます。（4歳児）

プールのおみずを
いっぱいぬった

基底に水を塗っています。プールの見立てというより、画面として透明シートを使っていますね。（4歳児）

保育者の援助

描く遊び？　映す遊び？

2つの活動が含まれる場合、どちらに比重をかけるか考えます。まず描くことに力をかけましょう。最終的には映すのですが、しっかりマーカーで描いておかないとよく映らないのです。

1個のプールにひとりずつ、泳ぐ人が増えていきます。

すごくおおきい
プールだよ

円形のプールです。夏休みに家族と泳ぎに行った大きいプールです。（3歳児）

円形のプールに水をここまで入れて止めました。

おく先生のミニ講義　●「よく見る」活動とは

★「よく見る」活動の事例

タンポポの花が138個あったP.16『たんぽぽ』、クリスマスカクタスの葉の節を1個1個観察したP.36『よく見て描こう』、音が見えるラジカセの音を描いたP.168『音が見える』、いろいろな虫をルーペで見て描く活動P.192『ルーペで見る』などが「よく見る活動」といえるでしょう。

★感じ取ることも「よく見る」こと

よく見るというのはしっかり観察して対象がわかり、緻密《ちみつ》に描いたり作ったりするということだけではないのです。視覚的には見えないものの色や形を感じ取って視覚化したり、透明シートを通した光が揺れてまるで波のように映ることに気づいたりすることも、ものや現象をよく見た結果なのです。感じ取ること、気づくことも「よく見ること」で、子ども時代に大いに経験しておいてほしいことです。

小さなプールで泳がせる

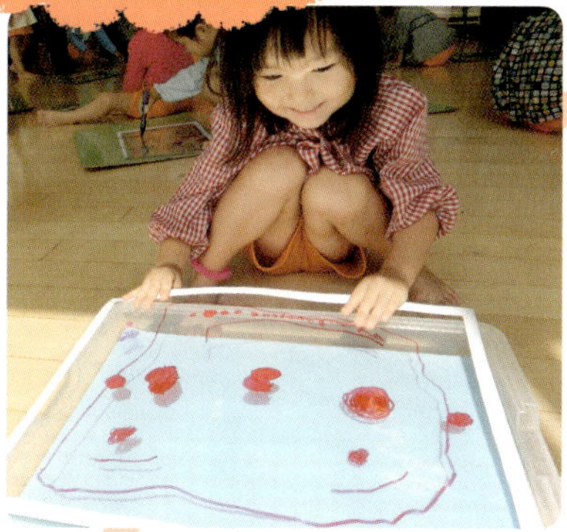

「顔」がプールに映っています。嬉しそうですね。(3歳児)

ゆかのほうが
よくみえる

何度も試していました。

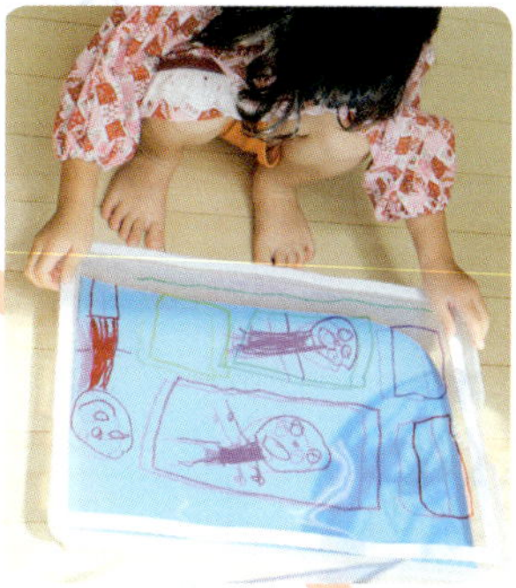

「ほんとうにおよいでいるよ」と楽しんでいます。(4歳児)

保育者といっしょに「よく見る」姿勢。(4歳児)

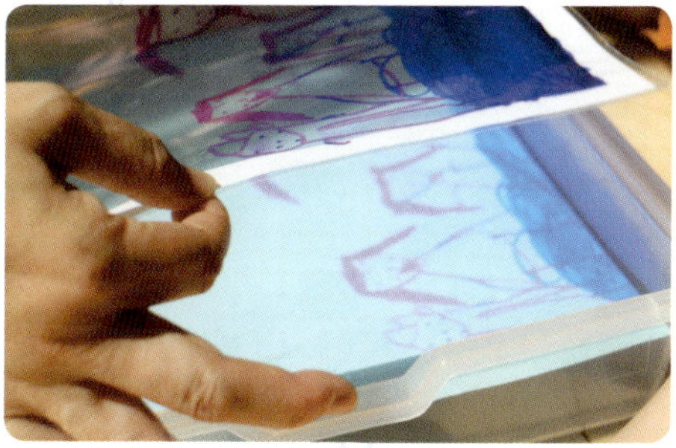

こんなふうに映ります。鮮やかです。

上へあげると、プールによく映ります。保育者といっしょに試しています。(3歳児)

プールみたい

揺らしてみたら、波のように見えてきました。(3歳児)

並んで泳いでいます。(4歳児)

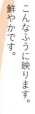

3歳児 4歳児 5歳児 異年齢

影を見つけた

偶然の発見

屋上の遊具や用具に太陽の光を通す透明シートをはり、絵の具で描く活動です。画面の向こうを透かして見ながら絵の具で描く子どもたちは、不透明な描画材が作る「影」というすてきな発見をしたのです。

活動のねらい

- 透明シートに絵の具で描くことを楽しむ。

★活動のはじまり

3歳児 4歳児 5歳児 の異年齢

子どもたちは画用紙、和紙などいろいろな素材に描く経験をしてきました。紙以外のものに描く経験をする場をつくりたいと保育者は考えました。一方、子どもたちには遠足で行った魔女の館の魔女「まじょりん」が届けてくれたプレゼントを早く見たいという思いが膨らんでいます。まじょりんのプレゼントっていったいどんなものなのでしょうか。どうやら屋上に行くとわかるらしいのです。

準備するもの

●絵の具

濃いめの濃度に溶き中性洗剤を入れておく（黄色の濃淡・ピンクと赤の濃淡・青と水色の濃淡・緑と黄緑の濃淡・白など）

●絵の具を溶く容器

6～7か所に置けるように準備しておく

●筆

大・中

●透明シート

●屋上の遊具

透明シートを張っておく

環境構成

描く場の付近に絵の具を置いておきます。
写真は導入時のもの。屋上全体の環境構成が見渡せます。

導入

①活動について話し合い、イメージを共有する

・プレゼントの中身をみんなで見ます（透明シートとまじょりんの手紙）。
・「ほうきで楽しく飛び回れるお空をこれ（透明シート）に描いてほしい」というメッセージを伝え、空にあるものや、あったらいいものについて話し合います。

②場と描画材について応答する

・透明シートをはった遊具やフープがある場（屋上）を子どもといっしょに見ます。
・透明シートに描ける魔法の絵の具を紹介し、簡単に筆の使い方を確認します。

透明シートが張ってある好きな場へ行って描くことを伝え、そこに描くものを再確認して活動が始まります。

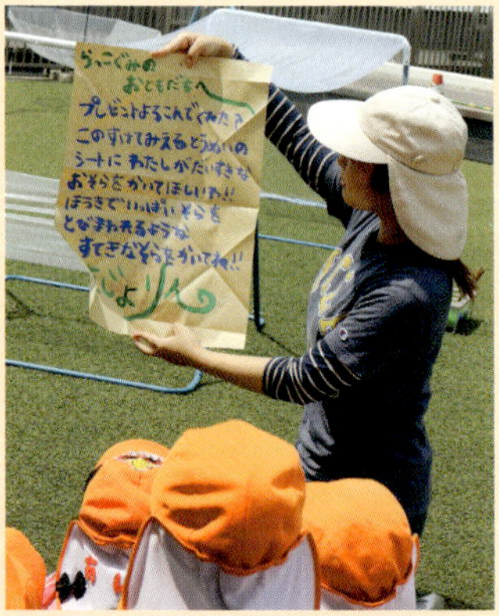

まじょりん（魔女）からの手紙を子どもたちといっしょに読みます。

ポイント

ビニールに描ける絵の具

紙に描くときに使用する水彩絵の具やポスターカラーは、ビニールやプラスチックに描くとはじきます。以下の絵の具が適当でしょう。

・絵の具＋中性洗剤（P.44『透明な素材に描いたら』準備するもの参照）：乾いても水に溶けます。

・接着剤＋絵の具：木工用接着剤に絵の具を入れて混ぜ込んだもの。ポリ袋に木工用接着剤と絵の具（5：1くらい）を入れて混ざるまで揉み込みます。乾くと樹脂のようになります。ポリ袋から絞り出して使います。

・アクリル絵の具：市販の絵の具で水溶性ですが、乾くと水に溶けませんので布にも描いても同じ効果が得られます。

● フープ

透明シートをはっておく。大小10個程度

● ビニール傘

2本

● 段ボール箱

透明シートをはっておく

● 机

● テープ

● ぞうきん

場を選ぶ

描きたい場所が見つかったかな？

3・4・5歳児が探索してそれぞれの場を見つけようとしています。

ここにもかけるよ！

3歳児はフープに集まってきて、さっそく描き始めました。

お空を描く

くもがいっぱいあるおそらだよ

この場所は3・4・5歳児がいっしょに活動を始めました。3歳児さんには少し高いかな？

お空を描く

もくもくもく

お空を見ると、ふわふわの雲がありました。（4歳児）

おもしろいね
くもいっぱい

傘を見つけたのは3・4歳児さんです。

きょうは
いいてんきだよ

濃い色や薄い色の雲の間に、お日さまが出ています。（5歳児）

保育者の援助

次々と場を変える子どもへの対応

場を選ぶのもこのような活動では経験する活動のひとつですが、一定時間経過しても次々と場を移動するのみに終わる子どもがいます。活動の目的が理解できていない、描きたい場にはすでに他児がいっぱいで入れない、絵の具が手に付くのが苦手、などその子なりの理由があると考えられます。子どもと応答して、落ち着いて描ける場をいっしょに探しましょう。

きれいだね
おそらがみえる

下からお空を望んで描いています。描いていることが楽しい、そんな表情ですね。（4・5歳児）

お空を描く

おつきさまが
でたよ

お昼の雲や夕方の雲の間に、お月さまが見えます。（5歳児）

描き終わったお空を見ています。まじょりんは喜んでくれるでしょうか。ヘリコプターや鳥も飛んでいます。（5歳児）

あっ
まじょりん！

影を見つける

うつってるよー

影を作って見ています。大発見。（4歳児）

みんなすごいね
大発見したね！

子どもの大発見に乗って、保育者もいっしょに影を見つけることを楽しんでいます。（3・4歳児）

おく先生の ミニ講義

●多様な領域の視点で活動をとらえましょう

この事例では絵を描く活動の過程で影を発見しています。これをどのように受け止めればいいのでしょうか。領域「表現」の窓からデザインした活動ですので、個々の子どものイメージの豊かさや表現への展開、描画表現の伸びやかさなど活動のプロセスや結果から読み取るのですが、影の発見、雲の動きや色の変化、発見したものの言語化、お友達とのコミュニケーションや協同など、環境・言葉・人間関係などの領域での発見や学びがあるのです。活動の振り返りで保育者同士の交換があると思いますが、総合的な保育の観点から、個々の子どもの学びを多様な領域の視点でとらえることも大切です。

カメラで撮ったよ

時間経過や状態を表す

玉入れの玉がかごに入っていくようすを描くとき、シャッターを連続して切ったように玉がその軌跡の上に並んで描かれていることがあります。カメラを作ってそんな動きや時間経過をとらえてみましょう。

活動のねらい

- カメラで写したつもりで、経験したことを表す。

★活動のはじまり

5歳児

デジタルカメラやスマートフォンで写真を撮ることは日常の記録のような役割を持っています。カメラで写すことは、瞬間を切り取ること、時間の流れを表すこと、そのときの事象を留めることができるのです。子どもたちの環境にいつもある存在のカメラですが、子どもが自由に使う機会はほとんどありません。カメラで撮るつもりになって日ごろの経験を写してみようと考えました。簡単なデジタルカメラは子どもたちが事前に作っておきました。

導入

①カメラの仕組みを伝える

・事前に作ったデジカメに入っている画用紙（写真用紙）に、写したものを描きます。

・カメラの枠から画用紙を抜いてマーカーで描き、描けたら枠に戻します。

・何枚も写したいときは、これを繰り返します。

②何を撮るか、話し合う

・テーマを決めます。活動1では運動会で印象に残ったことです。

・運動会の場面を引き出し、写したい（描きたい）場面を選択します。

場面が決まった子どもから活動をスタートします。

準備するもの

【活動1】

- **画用紙**
  32分の1切り。1人4枚程度
- **水性マーカー**
  8色
- **カメラ**
  紙芝居の舞台のような形式のものを厚紙で作る

活動1 写す

男の子を描き始めました。もうひとり並びます。
何を写しているのでしょうか?

保育者の援助

カメラを活用しましょう

「～の絵を描きましょう」という活動よりも、「カメラで写そう」という導入のほうが気軽に描画に取り組めます。基本的には小さな画面に何枚も描くことができるので、「失敗」や「間違い」を避けたいタイプの子どもには、次の紙があることは気持ちを楽にしてくれるでしょう。写す枚数は自由です。

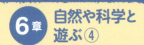

ポイント

カメラの作り方

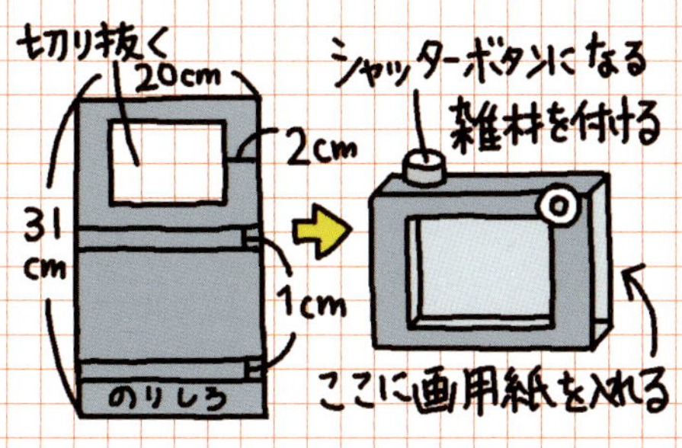

【活動2】

- 画用紙
  四ツ切
- 色画用紙
  四ツ切。水色・グレー
- 黒の油性マーカー
- 絵の具
- 溶き容器
- 筆
- 画板
- カメラ（雑材で作る）

ポイント

準備する紙の大きさを変えましょう

・活動1のように、ひとつのテーマの中で多様な場面を描く場合は、小さめの紙を何枚も使えるように準備します。

・活動2のように、たくさん撮った場面からひとつ選択して時間をかけて描く場合は、大きな画面1枚を準備しましょう。

こちらは女の子が4人並んでいます。

とび箱です。3段から6段、それぞれの高さのとび箱です。

並んで描いているのは、綱引きをしているところのようです。
竹馬もしたのですね。

これも綱引きでしょうか？

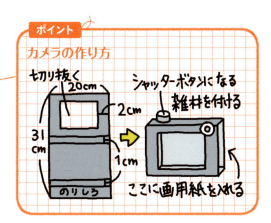

写った

どの段も見事に跳んでいます。

綱がまだ描かれていませんが、これから始まるのでしょう。男児と女児を描き分けています。

保育者の援助

写したものが思ったように描けない

自由画帳の使用頻度が低い子どもや人の部位がまだしっかり描けない子どもの場合などは、自分が思ったように描けないことが活動への意欲を鈍らせます。何枚も描いて描画経験を重ねることが描けるようになることにつながります。5歳児ですから描きたいけれども描けない部分がわかっていますので、よく聞いてそこを乗り越えられるように援助することが大切です。

連続写真 時間経過

①跳びまーす。みんなの目標5段のとび箱です。助走板もちゃんと描かれています。

②跳んでます。
跳び上がる表現がおもしろいですね。

③跳びました。大成功。誇らしく、大きい自分が写っています。時間経過の表現です。

おく先生のミニ講義 ●カメラの使い方でねらいが異なります

★「もの」を写す

「カメラで好きなものを写そう」といって写したつもりでお花や園庭の遊具を描く活動や、人の表情やポーズを写す場合などは、「もの」を写していて、観察して描くことと似た活動と考えられます。カメラはきっかけで、よく見る活動といえます。カメラを通してものとの新鮮な出会いが期待できますね。

★「こと」を写す

活動1・2は「こと」を写しています。活動1は運動会を経験した後で印象に残ったことを、活動2は近くの公園へカメラを持って行って感じたことや経験したことを写してきました。後日写した中で印象に残ったことを描きました。写した「こと」は子どものお話や、経験したときの感情がいっぱい詰まっています。

活動２ 写す

こんなカメラ
つくったよ

自分たちが作ったオリジナルのカメラです。今度お散歩に持って行くつもりです。

お散歩の途中、犬に出会い、さっそく写します。

いつでも写せるように掛けられています。

わぁー、
すごいかぜだー

公園の小山の上から写します。風が強い日で、葉のない木が寒そうです。

写したよ

1本だけの木に、風がピューピュー吹いていたことが印象的でした。経験した強風の感じ、状態を写したのです。

お散歩に行った公園の山の上にカラスが飛んでいました。1本の木がある景色を写しています。

「こと」を写しました。写真を撮った自分がいちばん印象的だったようです。出会った犬も写っています。

6章 自然や科学と遊ぶ⑤

3歳児 4歳児 5歳児 異年齢

音が見える

五感を働かせて

「音はなぜ見えないのかな」「透明だから」。保育者と子どもとの応答です。五感とイメージを働かせて、「音が見えるラジカセ」から流れる見えない音を、色や形に表現することに挑戦してみました。

活動のねらい

- 見えないもの＝音をイメージし、色や線で表すことを楽しむ。

準備するもの

- **画用紙**
  四ツ切
- **パス**
  こげ茶・白
- **絵の具**
  濃いグレー・薄いグレー・空色・薄紫・朱色・黄色・桃色　など
  必要に応じて子どもと作る
- **筆**
  太筆、中筆

★活動のはじまり

5歳児

この年度は五感の働きに注目し、子どもたちは新聞紙の感触を感じる、雪のふわふわした感じを表現する、給食のおいしそうな匂いをかぐ・味わう、園の畑で作ったカボチャの大きさや重さ、風を感じるなど、日常の生活や遊びの中で多様なものと出会い、五感を働かせてそれらのもののイメージを蓄積しています。そこで、「見えない音を見る」試みができるのではないかと考え、「音が見えるラジカセ」から流れる音を見て、描いてみようと提案しました。

場を選ぶ

ラジカセを見て描き始めます。何だか似ている感じです。 A

導入

①「音が見えるのか」について子どもと応答する

・「見えない」という答えを想定して、「なぜ見えないか」を聞きます。（本事例では「透明だから」という答え）
・「どうしたら見えるか」を聞き、見える方法を導きます（絵の具を使うので、「色を付ければ見える」という提案を用意しておきます）。
・「音が見えるラジカセ」から流れる曲を聴き、音を見ます。

②描画材の紹介をする

・パス（こげ茶と白）と絵の具を使うことを伝えます。
・見えた音の色は絵の具で作ることを知らせます。

「音が見えるラジカセ」と見えた音を描こうと伝えて、活動がスタートします。

※ クラシックの曲は、小さい音で流しておきます。

「音はなぜ見えないの？」「透明だから」
音が見えるラジカセを見る子どもたちです。

- 絵の具溶き容器
- スプーン
- 画板
- ぞうきん
- ラジカセ

ポイント

どんな音を流せばいいの？

・この事例ではクラシックの曲を流しました。子どもたちが知っている曲でもいいのですが、あまり聴いたことがないジャンルのものを選ぶのがおすすめです。ちょっと聴いて「わかった」と思わず、よく聴く姿勢が出るからです。

・曲ではなく音を選択する、何も流さないでイメージするなど、違う環境でも試してみましょう。

ここからおとがでてくるよ

ラジカセのスピーカーに興味を持ったようですね。 B

音を描く

どんないろにする?

見えた音の色を探し、保育者といっしょに作ります。

おとがいっぱいみえるの

ラジカセでいっぱいになってきました。音は見えるかな？

おとはこんなかんじ

音符がはやっていますね。少し落ち着けば、独自の表現が出てきますので、助言は控えておきます。 B

音を描く

ピンクのラジカセ
たのしい
おとがする

ラジカセの色や音の表現に、少しずつ変化が見えてきました。A

きいろのおとが
いっぱいみえたの

黄色い♪がいっぱいです。

おとがいっぱい

線で音を表しています。

保育者の援助

音を見る活動からの学びを把握しましょう

- 見えないものをイメージすることにとまどいを持った子どももいて、活動当初は音符を描く子どもが多く出現しました。その後は、線の太さで音の大きさを表したり、色の違いで音色の違いを表したりするようになり、描画表現の幅が広がりました。
- 活動後、カップに入った水が音に共鳴して揺れているのを見て、「音が見える」という発語をするなど、日常生活の中での音へ敏感な気づきが見られたりしました。これも造形活動から派生した学びですね。

どんな音が
見えたか教えて
これは
かわいい
いろのおと

どんな音が見えたのか、完成した子どもの声に耳を傾けます。

にじみたいに
みえたよ

色や線、丸い形など、見た音を独自に表現しています。

完成　音が見えたよ

スピーカーが印象的でした。
迫力のある表現になりましたね。

見えた音を、音符の色と形の違いで描き分けました。

太い線は大きい音、細い線は小さい音。太さ、長さ、色の違いは見えた音の違いです。

音がラジカセから広がるように見えますね。
楽しさが伝わります。

ラジカセを囲むように大きい音が取り巻いています。

おく先生のミニ講義　●音と描画

★音は色に変換することが可能です

子どもと学生を対象に、音を聴いてイメージする色を調査した（2012～13年、筆者）ところ、イメージした色には幅がありますが、ある音域においては類似の色相を選択するという結果を得ました。高音域は白や黄色のような明度の高い色や金銀のような金属色を選択し、低音域は黒・紫・青系などの明度の低い色を選択する割合が多かったのです。色聴という共感覚を持った人でなくても、音を色で表すことは可能だと言えます。

★音は線や形でも表せます

事例で線の太さで音の違いを表現した子どもがいたように、子どもも音を抽象的な線や形で表します。色の場合は直感的に選択しているようですが、音や音楽から具体的なものや風景などのイメージが沸いたときは具象的なものの形で表現します。年齢が上がるにしたがって、具体的な表現が多くなるように思います。

3歳児 4歳児 5歳児 異年齢

復興

日々の保育はそのとき起こった世界の動きや自然の驚異と無縁ではありません。2011年3月11日に発生した東日本大震災をきっかけに、子どもたちと保育者がともに歩み、願いがこもった活動です。

活動のねらい

- 自分の思いをいろいろな方法で表現する。(一連の活動のねらい)
- 段ボール箱を組み合わせたり、雑材を見立てたりして構成する。(本時の活動のねらい)

準備するもの

- **段ボール箱**
  いろいろな大きさのもの30個以上
- **牛乳パック**
  長方形に綴じておく
- **ペットボトル、カップなど大小の空き容器、卵パック、イチゴパック、発泡スチロールのトレー、ストロー、その他の雑材**
  段ボール箱の組み立てが終わったころにかごに入れて出す

ポイント

保育の流れ

この事例は子どもと保育者がいっしょにつくった活動です。約1年の保育の流れに沿った造形活動を紹介します。

積み木コーナーでの子どもの姿の変化→被災地のお友達に送ってあげたい(小さい絵：みんなにできること)→おうちを建ててあげたい(本時の段ボールの活動)→津波からも守りたい(紙製作：津波から家を守る)→エコ活動などの展開。

子どもの思いが詰まった意見や行動に保育者が場やもの、ときには方法を提供して活動が継続しました。保育に流れたのが「復興」の精神です。前の活動や日々の活動が、次の活動の導入になっています。

※ 小さい絵、紙製作についてはP.175掲載。

★活動のはじまり

3歳児 4歳児 5歳児 の異年齢

2011年3月11日に起こった東日本大震災は子どもたちの遊び方を変えました。遊びのコーナーで積み木で作っていた壮大な構築物に、当たって壊してしまった3歳児に「また〜」と怒り心頭だった4・5歳児が、「レスキュー隊がかたづけまーす」と協力して再スタートを切るようになっていたのです。子どもたちの保護者でレスキュー隊で活躍している方があり、クラスで話題を共有していたのです。1995年1月17日の阪神淡路大震災を経験した保育者の投げかけもあり、被災地の方に何かできることがないか、みんなで考えたのです。「復興」は被災者の方々の力になりたい、という思いが込められた継続する活動のひとコマです。

導入

①事前にイメージを共有し、しっかり話し合う

・本時までに子どもたちと、被災地の人たちに何が必要かを話し合っておきます。

・おうちと暮らしに必要なもの、ということで、段ボール箱を置いておき、雑材や用具を準備しておきます。

②素材と出会い、家作りを始めることを伝える

・段ボール箱を並べたり積んだりしてどんなおうちにするかいっしょに考えます。

・活動のプロセスで、必要な雑材や接着・接合剤を提供することを伝え、活動を始めます。

「もっと高くしないと、津波に負けるよ」
子どもの声にどんどん積んでみます。

- **カラー布テープ**
- **養生テープ**
- **木工用接着剤**
  空き容器に入れて7〜8個準備する
  今回はへらで塗る
- **ハサミ**

環境構成

素材の選択

・素材と活動の関係は密接です。大小の段ボール箱で構築する場合と、同じ大きさの牛乳パックのみで組み立てる場合では、素材の組み合わせ方、接着接合の仕方、工夫する所などに違いが出てきます。

・事例は3・4・5歳児の異年齢での活動ですので、操作が単一にならずどの子どもも自分の工夫を生かすことができる時空になるように、段ボール箱と雑材を選択しました。

段ボールを運ぶ 組み立てる

これもこれも
いるね
活動がスタートし、「ふっこう」の素材を運びます。

ここでつくろう!
運んだ素材を置き始めます。おうちを立てる場所が少しずつ決まってきます。(5歳児)

おうちの
ざいりょう
はこびます
あちこちで場が誕生。積み始めた場が、自分たちのおうちを建てる場になります。

ちょっと
たかいなぁ
段ボール箱、牛乳パックが積み上げられます。ちょっと高いけれど、がんばります。(4歳児)

しっかり留める

ここできるね

壊れないようにしっかり留めます。しぜんに協力が生まれます。（5歳児）

たおれないようにしてる

地震で壊れないように、床にもしっかり固定しています。（5歳児）

にんじん

揺れてもだいじょうぶなように、布テープをはります。なぜか、縦ばりです。（4歳児）

くっついたかなぁ

カップをくっつけています。いいところに座っていますね。（3歳児）

暮らしの工夫をする

しっかりもっているよ

接着するときの協力は各所に見られます。（4・5歳児）

たかいところははしごがいる
JINRO
マッコリ

イスに登って作成中です。（5歳児）

おふろつくったよ

「これは外のおふろ」「小さいのは赤ちゃんのおふろ」と話してくれます。（5歳児）

大小8個の建物ができた

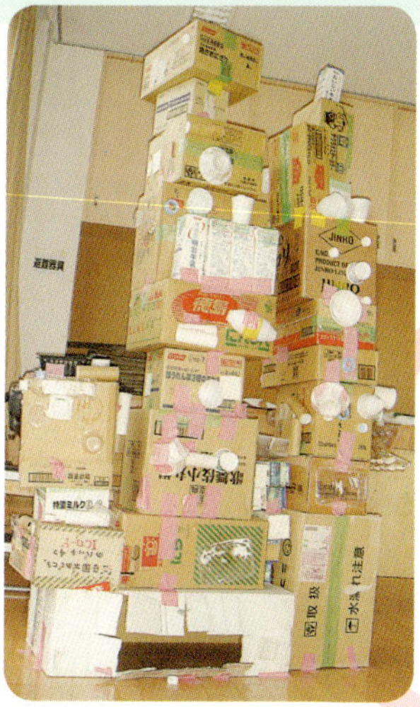

高いから、津波が来てもだいじょうぶ。

細かい工夫がいっぱい

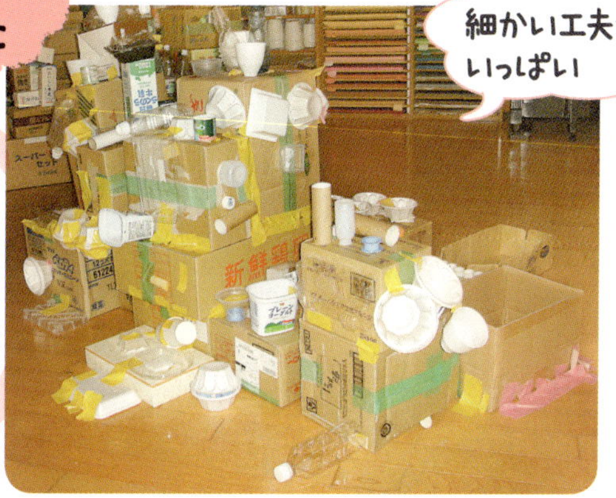

床にしっかり固定されています。動かせないですね。

事前の活動 小さい絵

被災地の人々へのメッセージ。
きれいなおうちと暖かいお布団で、寝させてあげたい。（5歳児）

わたしの好きなハンバーガーを食べさせてあげたい。それから気持ちも送ってあげる。ハートが気持ちです。（4歳児）

事後の活動 紙製作

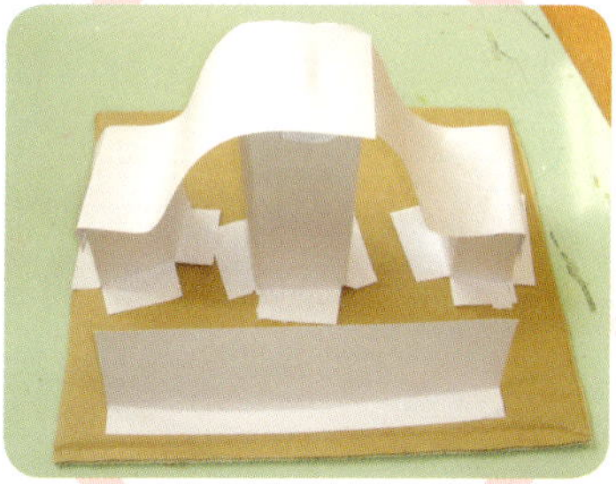

津波が来てもだいじょうぶな家を紙製作で作りました。高い防波堤と全体を覆う屋根を工夫しています。（5歳児）

おく先生のミニ講義　●イメージの共有と「造形」が伝える力

造形活動はもの＝素材にかかわる楽しさや素材が多様に変化するおもしろさを体験できる表現活動です。素材はメディアとしての働きを持っていて表現する者のイメージを伝える力を併せ持っています。造形活動は基本的には個々の表現活動ですが、クラスのような集団の中でイメージを共有することができたら、共有する土俵の上で友達の表現を見ることができ、その結果友達の表現の理解が容易になり、共感の世界が広がるでしょう。

造形表現が自分以外の人に思いを伝えることができることを経験した子どもたちは、絵を描いたりものを作ったりすることが、自分の楽しみだけでなく人に思いを伝えることができることがわかり、積極的にこれらをメディアとして使おうとするでしょう。

造形活動を通して、共感する心と伝達の力を子どもたちに体験してほしいですね。

鞍馬の天狗さん

子どもたちが楽しみにしているお泊り保育、初日に行く予定の鞍馬山の天狗から手紙が届きました。期待や不安を持って経験したお泊り保育が終わったあとに、共に過ごした鞍馬の天狗さんの姿を描くことになりました。

活動のねらい

- お泊り保育の経験を通して心身ともに強く、豊かになる。（一連の活動のねらい）
- 天狗への思いを描くことを楽しむ。（本時の活動のねらい）

★活動のはじまり

5歳児

天狗から来た手紙には、お泊り保育の準備から終了までを「修行」と書かれていました。荷物の準備、鞍馬山へ登山と行き帰り、お友達との協力、おうちの人と離れて寝ること、食事の仕方、鞍馬の天狗との遭遇などが修行の内容です。お泊り保育ならではの経験の中で、勇気がいったけれど楽しかった天狗さんとの2日間が、子どもの心身に深い思いを残しました。お泊り保育が終わった後も、天狗さんへの思いは継続し、鞍馬の天狗さんの絵を描くことになったのです。

導入

①天狗が登場し、天狗としたことを描いてほしいと伝える

・お泊り保育で天狗としたことについて応答します。

・天狗を改めてよく見るように導きます。

②色画用紙と描画材について話す

・2色の色画用紙から選択するように伝え、画板の前に座ります。

・茶色系のパスの線で描くことを伝え、後から絵の具を出すことを知らせます。

活動がスタートし、天狗はそのまま保育室にいて、子どもの描画活動を見守ります。

準備するもの

●色画用紙

四ツ切。山吹色、うす緑

●パス

茶系統の色で線描＋必要に応じて他の色も使用

●絵の具

中〜低濃度に溶く（赤＋朱色、赤＋こげ茶、黒、白、緑＋黄色、緑＋青、オリーブグリーン、こげ茶、黄色、うす橙　など）

●絵の具の容器

1グループに6色程度

●筆

中筆、細筆

●画板

ポイント

保育の流れ

この活動はお泊り保育を軸として、実践した事例です。保育は、鞍馬の天狗さんから手紙が来る→修行の内容を知る→お泊り保育開始（鞍馬山へ行く・天狗を見つける・園へ帰り各種の修行・大天狗に勇気を持って出会う・翌朝天狗が準備してくれた朝ごはんを食べる）→お泊り保育が終わり平常の保育へ→天狗の絵を描く（本時の活動）と流れます。

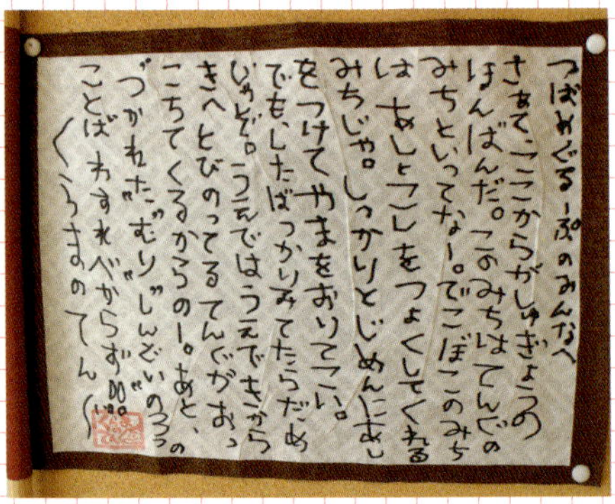
つばめぐるーぷのみんなへ
さあて、ここからがしゅぎょうのほんばんだ。このみちはてんぐのみちといってなー。でこぼこのみちはあしとこしをつよくしてくれるみちじゃ。しっかりとじめんにあしをつけてやまをおりてこい。でもしたばっかりみてたらだめじゃぞ。うえではうえできからきへとびのってるてんぐがおっこちてくるからのー。あと、つかれたむりじんぞいのうのことばわすれべからず
くらまのてんぐ

鞍馬山の天狗から、つばめ組の子どもたちへ来た手紙です。

環境構成

色画用紙と絵の具の色

- この絵は天狗の赤が鮮やかに出てほしい絵です。絵の具の赤を準備物にある色に決めたら、それを生かす色画用紙の色を考えます。
- 絵の具を中濃度程度に溶いていて、マット（白を混色するなどした不透明な色）でないので、色画用紙の色の影響を受けやすくなります。
- 山吹色や黄色の色画用紙は赤を引き立てますが、うす緑は赤を少し沈んで見せます。相互の効果を考慮したうえで色を選びましょう。

※ 画板は横取りの隊形で配置します。

大天狗です。面は、保育者が作りました。自分に似ているようです。

小天狗のひとり。ちょっと情けないお顔ですね。

天狗と出会う

お泊り保育の初日に、鞍馬山へ行って、天狗と出会いました。

みつけた！
おおきいー

鞍馬山の
大天狗じゃ

大天狗と4人の小天狗が園に現れました。

描き始める

あかいえのぐ
かしてね

鼻が強調されています。
山吹色の画用紙に赤の絵の具がよく映えます。

こんなくらいかな

天狗の鼻の高さを測っています。

描き始める

てんぐのかおは
まっかだよ

便利な塗り方発見！
白い絵の具のところばかりを選んで、まず塗りました。

おおてんぐの
はなは、いちばん
ながいの

鼻から、ていねいに塗っていきます。

困っている子は
いないかな？

大天狗がつばめ組のみんなを
見守っています。

おく先生の ミニ講義 ●想像力と創造力を育むために

★フィクションの世界で遊びましょう

鞍馬の天狗さんと過ごした子どもたちは、フィクションの世界で遊んだのです。実際に鞍馬山という実存の場所へ行くことで、ほんとうにいるかもしれないと感じた子どもや、いると確信を持った子どもがいたことでしょう。子どもたちは現実の世界に生きていますが、2歳ぐらいからは自分が体験する世界だけでなく絵本などの物語の世界や、実際は見たことがない外国やお月さまの世界があることを知ってイメージの世界を広げていきます。まだまだ未分化ですが、5～6歳になると現実の世界もわかったうえで、異次元の世界へ踏み込むのは楽しく、保育者とともに物語を紡ぎながら豊かな想像力を育み、創造力を培います。フィクションの世界でも遊びたいものです。

★ときには保育者が子どもを巻き込んで活動しましょう

子どもの造形活動は子どもの姿を元に、子どもの遊びを採集して広げていくのが基本ですが、子どもに身につけてほしいこと、経験してほしいことを活動内容に込めて計画する場合もあります。もちろん、原点には子どもの事実があるのですが、ときには子どもを巻きこんで、夢中になる活動を展開することも必要です。

完成　大天狗さんだよ

天狗さんの上から盛んに散っているのは、鞍馬山のモミジです。

大天狗の衣装のしましまを表現しています。草履もちゃんとはいています。

大天狗と4人の小天狗です。衣装も詳しく描いています。うす緑の画用紙に塗った赤は落ち着いた赤に見えますね。

天狗の鼻、ひげ、着物の模様。大天狗さん、かわいいですね。

天狗の顔に力が入っています。ちょっと怖いですね。

大天狗さん。大きな扇子を持っています。赤と青が美しいですね。

ボードの掲示

保育者の援助

経過を掲示しましょう

プロジェクトのように長い経過をたどる保育の場合、そこで起こった事柄や子どもの発見が、そのときの話題だけで終わってしまわないようにすることが大切です。天狗さんから来た手紙や、鞍馬山に行く前に子どもが想像して描いた天狗の絵、鞍馬山の写真、お泊り保育をいっしょに過ごした大天狗と4人の天狗のメッセージやドキュメンテーションが掲示されていることで、子どもたち、保育者、保護者がこの物語を共有することができるからです。

3歳児 4歳児 5歳児 異年齢

ぺらぺら人間

「ぺらぺら人間発見」。子どもが発見し命名して、春から夏にかけてともに過ごした不思議な「人」の物語です。ぺらぺら人間ってどんな感じ？小麦粉から小麦粉粘土を作り、ぺらぺら人間のイメージを表してみました。

活動のねらい

- イメージを共有して友達と遊ぶ。（一連の活動のねらい）
- ぺらぺら人間のイメージを粘土で表すことを楽しむ。（本時の活動のねらい）

3歳児

★活動のはじまり

子どもたちが発見した「ぺらぺら人間」は、屋上の扉の隙間から入って来たらしいのです。ある日いつも閉まっているはずの屋上の扉がわずかに開いていたのは、体がぺらぺらの人が入ってきたから、というのが子どもたちの言い分です。正体がわからない不思議なものへの興味は、やがてクラス（3・4・5歳児異年齢クラス）の一員のような位置づけになっていき、クッキング保育でうどんを作ったりカステラを焼いたりしたときも、「ぺらぺら人間」の分も作ったのでした。クッキング保育と同じ素材で「ぺらぺら人間」を作ってみようと、小麦粉粘土に3歳児が挑戦して見ることになりました。

屋上へのドアにいた「ぺらぺら人間」はこの隙間にいるかもしれない。

「これ、ぺらぺら人間と違うかな？」と考えています。

準備するもの

- 小麦粉
- 水
- サラダ油

環境構成

小麦粉粘土の作り方（小麦粉と水の量）

子どもが粉から練る場合は、粉の量と水の量を調整しておくことが大切です。

小麦粉：水＝5：1で作っています。絵の具用のカップを使用しましたので、絵の具カップに、小麦粉2.5杯、水0.5杯です。水には少量のサラダ油を入れておきます。

導入

①「ぺらぺら人間」からのお願いについて応答する

・「ぺらぺら人間」はどんな姿か応答します。

・小麦粉を見せ、「ぺらぺら人間」が暑くて粉（小麦粉）になってしまったので、元の元気な姿（小麦粉粘土で作る）にしてほしいと伝えます。

②小麦粉粘土の作り方を伝える

・ボウルに入れた小麦粉に水を注いで、しっかり練ることを知らせ、実際にして見せます。

・適度な軟らかさ（耳たぶくらい）になったら、丸めたり、伸ばしたり、粘土ベラを使って伸ばしたりしてみます。

活動する部屋へ移動し、4人グループごとに1個のボウルと水を渡して始めます。

小麦粉粘土を作っています。後ろには、ぺらぺら人間が…。

保育者の援助

小麦粉粘土の練りぐあいを確認しましょう

小麦粉から小麦粉粘土を作るとき、重要なポイントが2つあります。1つは小麦粉と水の割合、もうひとつは練りぐあいです。よく練らないと伸びが悪く、サクサクした感触になったり、ダマができたりします。3歳児の力ではしっかり練り込めていないときもあるので、確認して最後にいっしょに練るといいですね。

- **紙の荷造り紐(2色)**
  1cmくらいに切る。容器に入れておく
- **ボウル**
- **粘土板**
- **ローラー状の粘土ベラ**
- **ぺらぺら人間(導入用)**
- **色画用紙**
  緑の濃淡をそろえる
- **シート**
- **ぞうきん**
- **ぺらぺら人間**
  子どもが描いたもの

ポイント

保育の流れ

ここの事例は子どもと保育者がつくった活動です。春から夏の保育の流れに沿った活動を紹介します。

「ぺらぺら人間」発見→クッキング保育(ぺらぺらうどん作り、カステラ作り、ぺらぺらきんぴら作り)→絵を描く(ぺらぺら人間はこんな顔、大きなお皿にぺらぺらうどんを描いたよ)→ぺらぺら小麦粉粘土(本時の活動)→ぺらぺらなものといっぱい出会う、木の皮、カンナくず、水遊び(自然や環境における大発見)

ひとりひとりの子どもの「ぺらぺら人間」のとらえ方はさまざまですが、共有した思いがあることも確かです。自分たちの物語を持つことが他者を理解し仲間を作り、想像の世界を豊かにしていきます。

小麦粉粘土を作る

ふわふわで
きもちいい

ボウルをもらい、中の小麦粉にそっと触れています。

おみず
ちょっとずつね

水をそーっと入れます。慎重ですね。

粉が粘土になってだいぶまとまってきました。

かたまって
きたよ

ぺらぺら人間を作り始める

ぺらぺらに
なあれ

手を握ってこぶしでトントンたたいています。平らになっています。

よーく
のびるよ

粘土ベラで薄く伸ばしています。「ぺらぺら」にしているのですね。

おかお
できた

保育室の一角に準備した場所で、顔のパーツなどを付けています。

ぺらぺら人間だよ

みんなやさしい
おかお

おへそがある人、手足がある人、細長い人など、みんな「ぺらぺら人間」です。

ぺらぺらにんげん
よろこんでいるよ

粉になったぺらぺら人間は元のような形を取り戻しました。

その後、ぺらぺらきんぴらを作っておいておくと、無くなっていました。「ぺらぺら人間」が食べたようです。

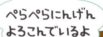

事前の活動 ぺらぺら人間は こんな顔

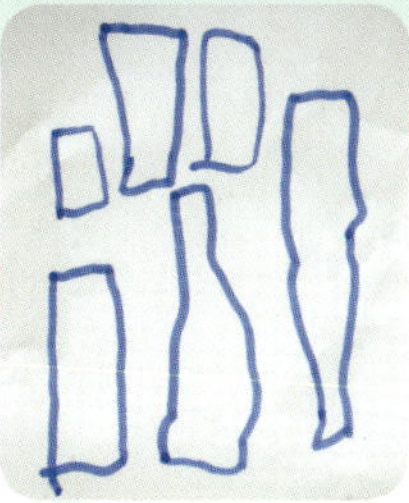

「ぺらぺら」ですね。

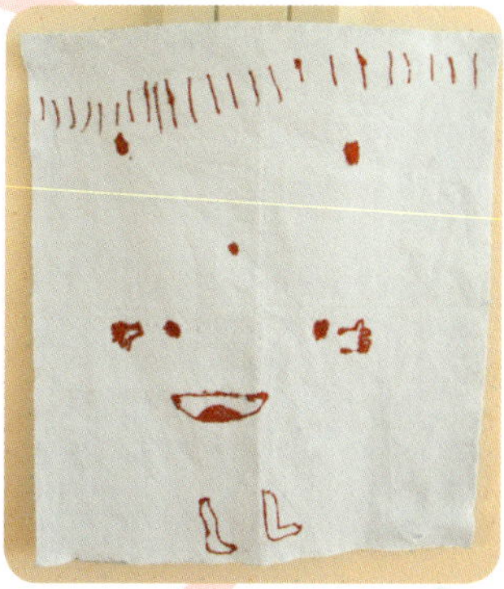

布の「ぺらぺら人間」も出現します。

「ぺらぺら人間」を描きました。さまざまにイメージを持っています。

こんな「ぺらぺら人間」も現れました。

事前の活動 ぺらぺらうどんを 描く

太い平筆で、ぺらぺらを表現していいます。(3・4・5歳児)

ぺらぺらうどん、でき上がりです。線の種類がいろいろあって、おもしろい表現ですね。

おく先生の ミニ講義 ●日々の遊びから造形へ

★子どもの遊びを採集する

「ぺらぺら人間」の活動は子どもが夢中になることやものを見つけ継続して遊べることが、子どもの心身の育ちにつながることが確認できる事例です。子どもの主体的な活動には、子どもの遊びから活動のテーマが取り上げられることが必要です。テーマは、子どもの遊びの中に埋まっています。保育者はそれを見つけて採集し、保育にのせることが大切です。

★造形活動の役割

継続するプロジェクトの中で、造形活動はどのような役割を担っているのでしょうか。「ぺらぺらうどん」ではぺらぺらした線を描き、小麦粉粘土では薄く伸ばした形状で「ぺらぺら」を表現する。マーカーやパスで描いた「ぺらぺら人間」はイメージを形にする。造形の役割のひとつは、自分の感覚やイメージを粘土やパスや絵の具で表現して確認することができることだといえるでしょう。

3歳児 4歳児 5歳児 異年齢

忍者

忍者はすばやい。忍者は忍術を使う。忍者になりたい。忍者の衣装を着た子どもたちは、園庭で忍術の練習に励んでいます。「分身の術が使えたらいいのに」と、自分の分身をカラフルな紙で作ることになりました。

活動のねらい

- 忍者になったつもりでいろいろな遊びを楽しむ。（一連の活動のねらい）
- 紙で立体的な忍者の分身を作る楽しさを味わう。（本時の活動のねらい）

準備するもの

- **画用紙**
  16分の1切
- **色画用紙**
  うす橙・ピンク・黄土色（八ツ切の1/3大）
  紫・青・緑・薄紫（16分の1切）
  茶・こげ茶・黄土色・桃色・ピンク・うす橙・橙・赤・青・群青・紫・薄紫・緑・黒（16分の1切の1/4大＝名刺ぐらいの大きさ）
- **木工用接着剤**（容器に入れておく）
- **ハサミ**
- **画板**
- **手ふきタオル**

★活動のはじまり

4歳児

子どもたちがついに忍者になったのです。青忍者、緑忍者、紫忍者が忍術の修行をしているのです。あるときは園庭で、あるときは室内のホールで、跳んだり登ったりくぐったり、体を鍛え、技を鍛えているのです。忍者たちはどうやら忍者の衣装だけでなく、忍者が大事にしている武器をもっと作ったり、忍術の修行に必要なものを作ったりしたいようです。そこで、忍術のひとつである分身の術を使うために、自分の分身を作ることになったのです。

忍者の修行中です。

導入

①分身の術について応答する

・忍者のイメージの共有はすでにできているので、子どもから術の意味を聞き出します。（初めて忍者の活動をするときは、保育者から話を提供します）。

・紙で自分の分身を作ることを提案します。

②紙操作1・2の基本を伝える（右図参照）

1. 胴体の折り方を知らせる。
2. 頭の折り方と、胴体と頭を付ける方法を伝える。

※ 1・2ともに画用紙は保育者が配布します。

3. 2ができたら、忍者に必要な体の部位や衣装、武器など作りたいものに取り掛かるように伝える。
4. 3で使う画用紙が置いてある場所を知らせ、各自必要に応じて取りに行くように伝える。

※ 3・4は子どもに任せます。

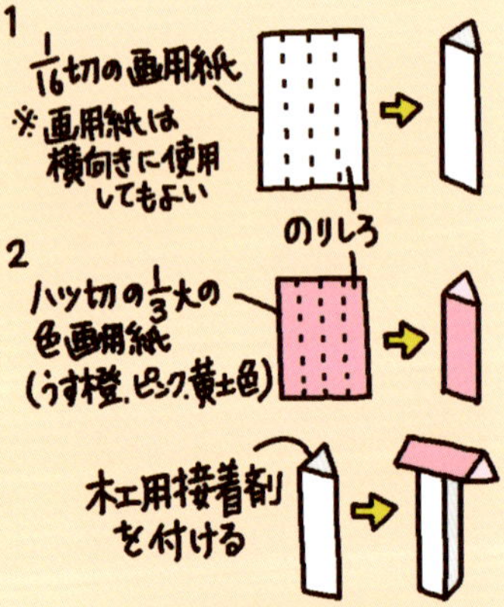

保育者の援助

保育者がつもりになることが大切

子どもたちの楽しい活動が継続するには、保育者がいっしょにつもりにどっぷり浸ることです。保育者が夢中で忍者修行する姿は子どもたちに活動の楽しさを無言で伝えてくれます。遊びを共有する保育者の姿は頼もしいものです。

ポイント

保育の流れ

この活動は子どもたちが忍者になって運動的な身体活動や表現活動を展開した事例です。秋の終わりから冬の初めにかけて忍者が活躍したのです。

保育の流れは、忍者に興味を持ち忍術の修行を始める→忍者の衣装を作る→園庭やホールで動きの修行をする→分身の術を使うために紙で忍者を作る（本時の紙製作）→巻物・手裏剣など必要なものを作る、と続きます。

忍者の世界を子どもも保育者もともに楽しむことで、身体的・表現的な学びにつながった遊びです。遊びの展開は12月のこども展で保護者の方々にも見ていただきました。

保育者の援助

画用紙の準備とかたづけ

・準備

紙製作で使う色画用紙は、基本の大きさ（忍者の場合は胴体と頭）を決めた後、別のパーツや飾りに必要なプラスする色画用紙の色と大きさを決定します。事例は忍者の胴体のサイズと色・頭のサイズは同じにし、頭の色とプラスする分は選べるようにしましたが、忍者の胴体と頭、プラスする分ともに子どもがサイズ、色を選べるように準備するのもおすすめです。

・かたづけ

まだ使える画用紙を入れるかごと、使えないほど小さくて捨てる画用紙を入れるかごを準備して、子どもたちに分別を呼びかけるとエコにつながります。

作り始める

そろえておると
いいよ

忍者の体を作ります。半分に折って、しっかり折り目を付けます。

せっちゃくざいは
うすくのばして

半分をまた半分に折ったものを開きます。接着剤を一面に塗っています。これを閉じると三角柱のでき上がり。

白い三角柱が忍者の胴体。上の切り口に接着剤を塗って、頭（うす橙の小さな三角柱）を付けます。

いろいろな部分ができた

せんせい
みて〜

頭を付けたら、この子は両手をはり付けました。

いろいろな部分ができた

ちょっとすてきな色の忍者のお顔です。

あおにんじゃだよ

顔のパーツや髪の毛ができてきました。

座らせてみています。後ろも服を着せなくては。

むらさきにんじゃかわいいでしょ

忍者の服が着せられました。自分とお揃いの忍者の服です。

ぼくのぶんしん!

忍者は手袋をしている、と右手に手袋を付けました。

おく先生のミニ講義

●「イメージの共有」と「表現の必要感」を生み出すことが重要です

「忍者の修行」は日常使わない体の部位を意識的に使うことや、体の俊敏な動きを促しました。活動は子どもたちに体力の向上をもたらすとともにイメージの共有を生み、同時に使うものを作りたいという必要感をもたらしました。

「イメージの共有」は活動を共に考える力となり、共感性を高めます。こんなものがいる、これを作りたい、という「必要感」は主体的に表現活動に向かうことや新しいことに挑戦する原動力となります。

単にみんなでいっしょにする活動、共同製作といった概念でなく、日常の活動を通じて「イメージの共有」と「表現の必要感」が生まれ、結果的に主体的な造形活動や協同が成立することが重要です。

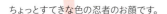

分身の術だよ

あたまのマーク
かっこいいでしょ

忍者のマントを着ている分身です。

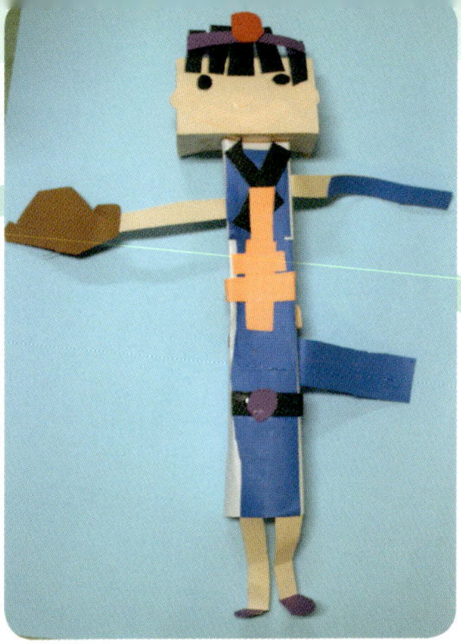

手袋忍者の完成です。

おそろいの
にんじゃでーす

くの一。かわいい忍者の分身です。

忍者服の打ち合わせが、着物のようになっていたのを再現しています。

事後の活動
巻物・手裏剣

忍者の秘密がここに描かれます。

紙皿、パス、マーカーで、忍者のアイテム、手裏剣を作成中です。

こども展（作品展）。忍者の後ろに手裏剣があります。

日々の保育と造形

本書では43の造形活動の事例を紹介してきましたが、それらの活動は独立したものではなく、すべて日々の保育とつながりがあるものです。ここでは、日々の保育と造形のかかわりを見ていきましょう。

1 日々の暮らしの中での経験と素材体験を豊かに

子どもたちが、保育の中で多様なものに挑戦したり思いを共有したりして造形活動を楽しむためには、日々の暮らし、保育の中での経験と造形経験を豊かにすることが大切です。

- 子どもの意欲を高めるために日常の保育の中でねらいを持った保育者の提案や支援が重要です。自然や事象、身近な人やものへの興味や気づき、冒険や挑戦、知的好奇心への対応などの保育者の提案や支援から生まれた経験が、子ども同士のイメージの共有や表現内容に関連するのです。
- 造形素材を経験する時間・空間を保障しましょう。造形とは「ものにかかわり、ものを変化させること」もの＝素材への興味や不思議さなどが造形表現の広がりや深まりをつくっていきます。素材体験を豊かにすることが基本です。

2 子どもの日常の遊びには造形表現の芽がいっぱい

園庭や室内、登園する道で、お散歩の途中で、子どもたちはさまざまな環境とかかわり、造形表現の芽をいっぱい見つけています。以下は保育のひとコマです。

日々の保育のエピソード

1 園庭に小さな山があり、水が流れる小川がビオトープをつくっています。大きな木や子どもの背丈ぐらいの草、地面に茂る雑草もたくさん生えていて、子どもたちはダンゴムシやカタツムリなどを見つけて、小さな生き物に興味を持って観察したり調べたりしています。飼っていたカタツムリが卵を産み、小さな赤ちゃんがかえると一段と興味が増してきたようです。発泡トレーに入れてみんなでじっくり見たり、大きいカタツムリとの違いを探したりしていました。

みんなでそーっとのぞき込んでいます。「ちいさいね」

2 興味がどんどん深くなるので、カタツムリの絵を描きました。絵の具で描いた絵はとてもカラフル。マーカーで描いた子どもはカタツムリが何を食べるかいろいろ考えて描き込みました。カタツムリが住みたいおうちも作って、どのおうちにカタツムリさんが来てくれるか友達と試していました。

絵の具で大胆に描いたカタツムリ。

カタツムリの家。この家が好きみたい。

3 この後子どもたちは、カタツムリが何を食べるかを調べたり、カタツムリのうんちに興味を持って、食べ物の色が違うとうんちの色が違うことや、大きいカタツムリと小さいカタツムリのうんちの色が違うことなどに興味を持って、調べ始めました。給食の先生に食べ物をもらいに行くときに、自分たちで調べたリストを持って行って、いただく食材を交渉したりしていました。

給食の先生にお願いしています。

子どもの表現の芽を見つけ、育てる

日々の遊びは、自由な時間や空間の中で興味を持ったり発見したりしたことが、友達との共有により持続する遊びにつながったり、展開したりします。【1】
また、子どもが興味・関心を持つ遊びを保育者がとらえ、クラスの子どもたちと共有できる遊びにするきっかけをつくることによって、イメージの共有や協同的な遊びに展開することもあります。【2】
それらはやがて自由な時空の遊びの力を高めて、遊びの質を変えていくことになるでしょう。【3】

造形表現の芽は保育者が子どもの遊びから見つけるだけでなく、見つけたものを育てなくては花を咲かせてくれません。表現の芽の育ちを導くのは保育者の仕事です。
○知的なアプローチ：実際に見たり、図鑑やパソコンなどで調べたりして知的好奇心を満たす
○経験的なアプローチ：現地へ行ったり、触ってみたり描いたり作ったりして確かめる
ことができる環境をつくり、子どもたちと思いやイメージを共有できるように日々の保育を進めていきたいものです。

3 多様な時間・空間で造形経験を

★コーナー遊びや自由遊びと設定の造形活動を関連させる

本書の1章〜7章の事例はすべて、前ページで紹介した事例と同様のプロセスをたどった保育です。造形活動の題材や構想を考えるにあたって、コーナー遊びや自由遊びと設定の造形活動を相互に関連させて運用していますので、2つの関係を整理しておきましょう。
それぞれの場を次のように捉えます。
○コーナー遊びや自由遊び：自分の好きな遊びや試してみたいことなどを、自主的にする場
○設定の造形活動：経験しておいてほしい素材や用具、内容、その時期に知っておくとよい活動などを経験する場

造形活動を構成する流れ

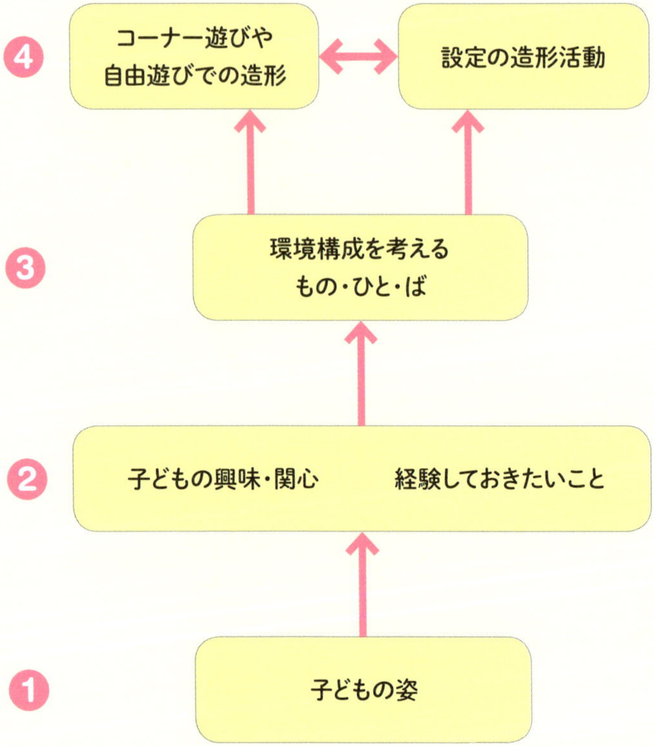

造形活動は子どもの実態や発達過程など子どもの姿を考慮して、テーマや内容、環境を準備することが大切です。
❶根底にはその時期の子どもの姿があります。
❷造形活動で経験しておきたいこと、子どもが興味・関心を持っていることから造形活動を考えます。
❸必要な造形素材や用具、場の準備をします。
❹活動のスタート地点を、コーナー遊びや自由遊びからか、設定の造形活動かを選択し、環境構成します。コーナー遊びや自由遊びでの環境構成は設定の造形活動での経験と双方向的にかかわりを持たせるといっそう効果的です。

4 コーナー遊びや自由遊びを始めるときに

設定の造形活動については、本書の43事例で詳細を確認することができますので、ここではコーナー遊びや自由遊びにおける造形素材の環境構成について述べたいと思います。

環境構成例

※コーナーや自由遊びの場は子どもの年齢、発達、クラス編成、時期によっても変わります。

写真はコーナー遊びの中で造形活動の場である、粘土・お絵描き+フリースペース・製作のスペースでの4・5月ごろの実態です。実際の子どもの遊びと簡単な場の工夫を見ることができます。

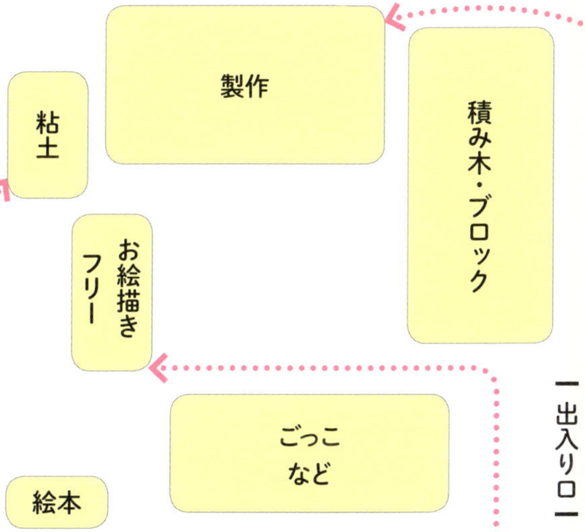

製作コーナーでの遊び。セロハンテープを使う場所が決まっています。テープカッターを独占しない配慮ですね。

油粘土って伸びるんだ、と感動。隣の男の子も驚いています。テーブルに黄緑色のクロスを掛けてあるところが油粘土コーナーです。目印になりますね。

お絵描き+フリースペースです。自由画帳に好きな絵を描いています。隣の友達は小さなパーツで構成遊びをしています。

※I期、II期はこのような素材体験を中心とした好きな遊びを十分にしておきましょう。

5 ものや場を使う前に伝えること

設定の造形活動では導入が大きな意味を持ちますが、コーナー遊びや自由遊びでも導入が必要な場合があります。初めて自由画帳を使うとき、初めて個人持ちの油粘土を使うとき、ハサミやのりの使い方の確認やかたづけの方法、活動の場所などについて遊びを始める前にしっかり伝えます。伝える内容の詳細は『2歳児～3歳児へ』(P.194～199)を参照してください。

6 コーナー遊びの事例

ルーペで見る

ルーペで見ることでものの見え方が変わり、子どもの興味をひいた事例があります。このルーペで見る事例は子どもの興味→クラスへの提案→子どもの活動として定着したものです。主にコーナーで約1年間、5歳児を中心に継続しました。多種多様な生き物がルーペでクローズアップされました。

※「タンポポ」をルーペで見て、花の数や綿毛に関心を持った子どもたちが描いた「タンポポ」の絵と日々の保育の展開の関係は、第1章『たんぽぽ』(P.16～P.20)を見ていただくと理解しやすいでしょう。

始まりは、カタツムリでした。

ザリガニの口の毛がすごいですね。

バッタです。いろいろな表現がありますね。

作品展に全部展示。ダンゴムシ、セミ、トンボ、チョウチョ、カブトムシなどが集合しました。

設定の造形活動からコーナー遊びへ

第４章『大量の緩衝材で』（P.120～124）では、異年齢クラスで活動した後にキノコ狩りをし、その後コーナー遊びとして、キノコレストランへと展開しました。

コーナー遊びでの製作

コーナーで子どもの好きなものや季節の製作ができるようにいろいろな素材を準備しました。ひとりひとりの個性が光る作品が生まれます。

〈こいのぼり〉

こいのぼりを製作中。

個性あふれるこいのぼりです。

素材が多種多様です。行事の製作ですが、素材体験は十分できました。

〈ヒツジさん〉

くっつける、はる活動でできたヒツジさん。暖かい感触です。

こちらは緩衝材を選んでいます。色が暖かなヒツジさんですね。

〈おひなさま〉

おひなさま大集合。基本は同じ形ですが、それぞれの表情と表現が見えますね。

7 アートな日々をつくりましょう

日々の保育の充実と豊かな素材体験が、子どもが夢中になる造形活動を生み出します。造形活動はプロセスを重視しますが、できたものを大切にすることも必要です。飾って自分の作品を確認することや、お友達の表現に興味を持つ機会をつくり、刺激を受けたりコミュニケーションが深まったりと、鑑賞教育の一環にもなるのです。

アートな日々というと大人の暮らしのように響きますが、身近な環境に楽しい造形環境をつくることが、アートを身近に感じる第一歩になることでしょう。

2歳児から3歳児へ

2歳児～3歳児への移行は保育室や子どもと保育者の関係も変わり、子どもたちにとっては人的物的環境の大きな変化に向き合う時期です。4・5歳児になって造形が楽しく大好きな子どもに育つには造形活動をどのように実践すればよいのでしょうか。

1　2歳児から3歳児への移行

3歳児のⅠ期には、2歳児の時期の子どもの造形経験の違いを考慮して造形活動を計画できるように以下のことを実施しましょう。

3歳児4月の姿を把握する

3歳児の保育は経験が違う園児がいっしょに過ごすので、4月当初は柔軟で弾力的な対応が求められます。月齢、個人差、造形経験などによって子どもの造形との関係が異なりますので、3歳児が4月にどのような絵を描き、どのように粘土を扱い、造形活動に意欲的で楽しむ土台が育っているのか、どのような造形活動が好きなのか、などの現状を把握するところから始めます。

集団での造形活動を楽しむ

2歳児から3歳児への移行は、保育園やこども園では子ども5人に保育者1人の対応から20人以下の集団へ、幼稚園では主に家庭での保育から35人以下の集団への移行でもあります。コーナー遊びや自由遊びなど少人数や個人での活動も行ないますが、クラス単位での造形活動も行なわれます。経験の違う子どもがいっしょに過ごすことは教育・保育の内容が豊かになることがメリットだといわれます。造形活動も子どもの経験の違いを理解して幅広く「もの」との出会いを楽しむ活動から始めましょう。

3歳児　クラスでの造形活動「ものと出会う」

描けなくなった水性マーカーを水に浸して色水を作ります。透明できれいな色が出てきました。同じ場所にいますが、まだ自分の世界ですね。

ドミノのように倒れてしまいました。遊びがつながってはいませんが、木片を同じように並べています。

2　大切なのは、その時期にすることを存分にすること

特に2～3歳児期は子どもたちの表現に変化が現れる時期です。以下のことに気をつけて活動を指導・援助したいものです。

活動を先取りして経験させない

3歳児クラスになると、0・1・2歳児クラスの乳児クラスから幼児クラスになった、大きくなったという視点から、造形活動のプロセスでの試行や工夫を重視するのではなく、急に形や作品の完成だけを求めたり、2歳児クラスで、3歳児で経験する技術やテーマを先取りしたりして、子どもたちに経験させるようなことがないようにしたいものです。

第一の目標は楽しい造形活動

造形活動の原点は0歳児にあります。0・1・2歳児から連続して、3・4・5歳児の造形活動へゆっくりと進めていってほしいのです。先取りの内容ばかりでは子どもの実態が無視されているのです。子どもの活動は、2歳児は2歳児期の、3歳児は3歳児期の遊びを存分にしておくことが大切です。子どもたちが造形活動の楽しさ、おもしろさをそこで経験することが第一の目標です。

3 造形表現の発達過程を確認する

造形表現の活動の2〜3歳児時期の発達過程を確認しておきましょう。研究者によって描画の発達段階の区分が異なりますが、2歳児〜3歳児はなぐり描き（スクリブル）期から象徴期へ移行する時期、つくる活動においては少し緩やかになりますが無作為期から象徴期へ移行し始める時期になります。

2歳〜3歳児の描画表現

パスで描いた描画を例にとって見てみましょう。
以下は2歳児クラスから3歳児クラスにかけての子どもの絵です。

❶ 連続線がゆっくり描かれています。ところどころにマーキングしたような点の塊があり、画面の空間を確かめているようです。

❷ 縦の往復線や曲線の連続線、小さな丸などがあり、いろいろな線を試していることがわかります。

❸ 長い連続線が少なくなり、閉じた形が多くなっています。人の顔らしいものがありますが、まだ線を描いたり塗り込んだりして試していますね。

❹ 丸が閉じて、人の顔のように見えます。よく見ると、丸に線や図形をはめ込んでいますが、顔のパーツに見えないものもありますね。3歳後半の子どもの絵です。

❺ 自分の顔やお友達も描きました。3歳11か月の子どもの絵で、お話があって楽しいですね。まだ頭足人が描かれています。

❻ 自分の顔を描いています。胴体が出て頭足人ではなくなっていますが、手はまた頭から出ていますね。4歳になったところの子どもの絵です。

※「頭足人」は人の表現の初期段階に現れるもので、頭から直接手足が描かれます。3歳前後から見られます。

❶〜❸はなぐり描き（スクリブル）といわれるものです。子どもの月齢や個人差によって違いがありますが、2歳児クラスのⅢ、Ⅳ期では❶〜❹の表現が、3歳児クラスのⅠ・Ⅱ期では❶〜❺の表現が混在している可能性が高いので、形を描くことを急がせないようにしたいものです。これはつくる活動でも同様です。

4 造形活動とテーマ

3・4・5歳児の造形活動では、「カタツムリを描こう」や「おうちを作ろう」など、具体的なものの名前のテーマ(題材)を持って活動することが多くなります。2歳児から3歳児にかけてテーマは必要なのでしょうか。

2歳児クラスは基本的には「テーマ」なし

「○○を描こう」や、「○○を作ろう」という活動ではなく、「パスで描こう」や「絵の具で塗ろう」、「小麦粉粘土で遊ぼう」や「紙を破ろう」という活動が中心です。何を描くかではなく、何で描くか、何で遊ぶのかということです。「○○」には、素材の名前が入ります。3歳児クラスでもⅠ期・Ⅱ期は「○○で描こう」「○○で遊ぼう」の活動を積極的に取り入れましょう。

「見立てや意味づけ」を引き出す活動を大切に!

ではなぜ、2歳児〜3歳児にかけての時期には「テーマ」がないほうがよいのでしょう。表現の発達的には大人から見てわかる形にならない時期ですが、自分が描いたものや粘土をちぎったり丸めたりしたものを見立てたり意味づけたりすることが、イメージする力へつながります。シールをはることやボトルキャップを並べたり積んだりすることが、構成力につながります。粘土=お団子作り、といった限られた表現へ導くのではなく、イメージする力を広げることが大切な時期なのです。

5 3歳児の活動例

3歳児の活動と表現の事例をご紹介します。

切る・はる・見立てる・テーマから、の活動

「色紙を切って、はって」の活動。色紙を3枚好きなように切る。新聞紙を巻いたものにのりではる。

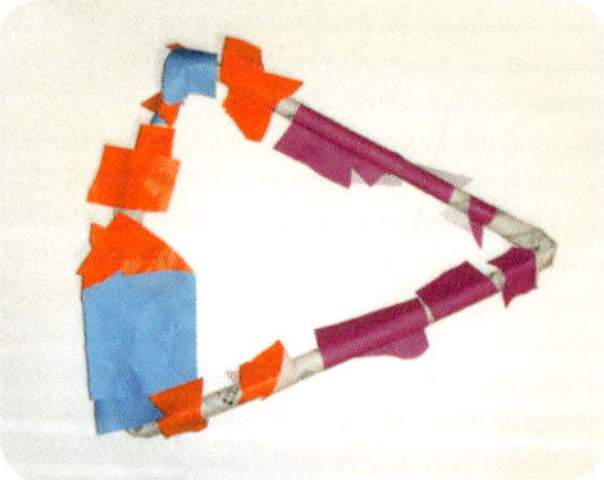

色紙を新聞紙を巻いたものにはり付けています。きれいな色合いを選んでいますね。

細かく切った色紙を、新聞紙を巻いたものに巻き付けるようにはりました。たいへん集中力がある子どもです。

茶封筒に紙を詰めて、割りばしを付けました。動物に見立てて耳や鼻をはっています。どんな動物さんになるのかな？ウサギとゾウになりました。

紙皿にモールやストローをはってライオンさんを作りました。どれも「ライオンさん」のつもりで作っています。

絵の具の線・面で描く活動

この時期の描画の特徴がよく出ています。

ライオンさん。たてがみには見えにくいですが、黄色の画面に黄土色とこげ茶の配置がおもしろいですね。

ウサギです。線で表現した頭足人形態のウサギさんです。テーマのある活動です。

この子どものウサギは面で塗っています。3歳児はいろいろな表現をしますね。ほかにも画面いっぱいに白い絵の具を塗ってしまったのもありました。

柿の絵です。画面に大中小の柿をはめ込んでいます。

これも柿です。大と小の組み合わせ方が子どもによって違って、おもしろいですね。

6　3歳児、初めての活動で確認すること

3歳からの新入園児はもちろんのこと、継続して通園している子どもたちでも、2歳児クラスから3歳児クラスへ移行すると環境が異なり、生活の仕方も変わります。最初の活動のときに造形素材や用具の使い方について、子どもたちに伝えます。コーナーや自由遊びの素材や用具についても、ルールをしっかり伝えましょう。

子どもたちに伝えること

自由画帳・マーカー・粘土・セロハンテープ・ハサミ・のりの使い方を伝えるときのポイントです。

自由画帳

- 自由画帳の表紙をめくったところから描き始めるように使い方を伝えます。
- ちょっとだけ描いて、次々と新しいページに描かないで、1枚1枚をしっかり描きましょう。
- かたづけの場所を知らせます。

自由画帳とマーカーの使い方を知らせます。

マーカー（個人持ち）

実際に子どもに実践してもらいます。

- 外したマーカーのキャップはマーカー本体の後ろにはめておきましょう。
- トントンとたたいて使わないこと。
- 描き終わったら必ずキャップをすること。
- 共同で使うマーカーの場合は、かたづけの場所を知らせます。

油粘土

- 油粘土を始めて使うときは、手で扱える大きさで始めましょう。可塑性がある素材ですので、初めは粘土ベラを使わず、手だけで活動しましょう。
- 粘土は粘土板の上で扱うようにします。
- 活動が終わったら、作ったものを壊して元のような四角い粘土に戻すことを伝えます。作ったものを保護者に見せたいときは飾っておいて、後で元に戻すことも話しておきましょう。

3歳児クラスになって、油粘土を初めて使います。粘土はまず手だけで使うのが基本です。

大きな油粘土の塊は粘土ベラで切りました。

セロハンテープ

切り方の説明をします。

・切るときはテープをつまんで、カッター台から3〜4cm引っ張り、次にテープを少しねじるようにして下へ強く引くと切れやすくなります。手に絡んだりしてなかなかうまく切れない場合もありますが、根気よく何度かトライしましょう。
・はるときは、はり付けたいものとはりたい場所の両方に粘着部分がかかるように伝えましょう。
・コーナーで使うときは、専用の机など場所を決めて置いて使うとわかりやすいです。
・自分の場所に持って行かないで、テープを切って持って行くか、作っているものを持って来るかして使うように伝えます。
・設定で活動するときは、グループごとに1台準備します。

のり

帯紙をはっています。長い紙がしっかりはれるかな。

・「チョン、くるくる、ひっくり返してペッタン」など、のりを少し取って、しっかり塗って、塗った面を下にしてはることをわかりやすい言葉で伝えるのも効果的です。
・紙の端から端までしっかり塗ることを伝えます。
・のりとお手ふきタオルをセットにして置いておくとよいでしょう。
・のり台になる広告紙などを準備しましょう。

ハサミ

受け皿があると切りやすいですね。
自分が切った量もわかります。

・持つところを自分のほうに向けて置き、お父さん指をひとつの穴に、お母さん指、お兄さん指、お姉さん指をもうひとつの穴に入れます。そのまま持ち上げて、お父さん指を上に向けて、パクパクすると切れることを伝えます。
・1回切り用の2cm幅ぐらいの画用紙の帯紙、連続切りができる大きさの紙など、コーナーでは子どもが選んで使えるように大きさの違う紙を準備します。
・好きな部分を切って使えるように広告紙の準備も有効です。
・活動中にハサミを持ち歩かないこと、ハサミの刃を自分やお友達に向けないようにすること、使わないときは必ずキャップをすること、を伝えます。

● 経験を重ねて用具や接着、接合剤を自在に使えるようになることは、表現が楽しくなる要因ですが、ルールばかりを強調してトレーニングのようになってしまわないように配慮が必要です。

7 主体的に、自信を持って表現する

3歳児は自分の世界で楽しめる時期です。造形活動も「これは何かな」「どんなふうになるのかな」「こんなふうにしてみよう」と絵の具やパス、粘土や紙、雑材や自然物などのものに興味を持ってかかわります。大人にわかるような形や色や表現形式を急いで求めず、子どもが主体的に描いたり作ったりし、自分の表現行為に自信を持って楽しめるように、保育者は子どもと表現を受容し、支援しましょう。

著者

奥 美佐子

（おく みさこ）

京都市に生まれる。京都市立芸術大学美術専攻科修了。
現在、神戸松蔭女子学院大学　教育学部　教育学科　教授。
専門は美術教育、乳幼児の造形教育、絵画。乳幼児の描画における子ども間の模倣の研究など、保育現場での実践を重視した実証的研究を継続する。
主な著書は、『０・１・２歳児の造形あそび』（ひかりのくに・刊）など。

実践協力園

京都・共栄保育園、みのり園
京都・東和保育園

スタッフ

イラスト／イマイフミ・Meriko
本文デザイン／梅井靖子［株式会社フレーズ］
本文レイアウト／中井亮［pocal］
企画・編集協力／中井舞［pocal］
校正／永井一嘉
企画・編集／安部鷹彦

3・4・5歳児の造形あそび

2017年　8月　初版発行
2020年　12月　第3版発行

著　者　奥 美佐子
発行人　岡本 功
発行所　ひかりのくに株式会社
〒543-0001 大阪市天王寺区上本町3-2-14
郵便振替 00920-2-118855　TEL.06-6768-1151
〒175-0082 東京都板橋区高島平6-1-1
郵便振替 00150-0-30666　TEL.03-3979-3112
ホームページアドレス　https://www.hikarinokuni.co.jp

印 刷 所　大日本印刷株式会社

Printed in Japan
ISBN 978-4-564-60908-4
NDC376　200p　21×19cm